Federico Povoleri

SUB LIMEN
LA TUA VITA È UN INGANNO

Autore: Federico Povoleri
Titolo: Sub Limen, La tua vita è un inganno
Seconda edizione 2023
Copertina: Fabiano Fiorin
Progetto grafico: Federico Povoleri
© Federico Povoleri

2

1   Vi sentite al sicuro?

Parecchi anni fa mi ritrovai in pizzeria a parlare con un amico; mi raccontò che al tempo in cui frequentava l'università, aveva presentato una tesi di laurea su di un argomento che per qualche motivo mi ricordava lontani regimi autoritari: "Propaganda e opinione pubblica dopo l'11 settembre". Iniziammo così a discutere di propaganda nelle democrazie occidentali e, in quell'occasione, rimasi sconvolto nel prendere coscienza della mia ignoranza in materia; compresi, ad esempio, che l'uso di tecniche psicologiche per manipolare la mente delle persone, andava ben oltre ciò che sapevo riguardo la pubblicità e le tecniche per invogliare all'acquisto di un prodotto; forse qualcuno di voi ha presente il camice bianco indossato da un attore (per farlo assomigliare a un medico) al fine di creare una figura ammantata di autorità, credibilità e competenza che psicologicamente è più convincente nel vendervi un nuovo dentifricio. Quel tipo di conoscenza che mi vantavo di possedere, rappresentava semplicemente la punta di un iceberg gigantesco. Lo scenario che il mio amico tracciò con efficace competenza mi lasciò di sasso (e con la pizza sullo stomaco). Ciò che descriveva erano vere e proprie operazioni psichiche attuate all'insaputa della gente, che avevano profondamente modificato le opinioni di interi popoli in un arco di tempo di almeno 70 anni; operazioni i cui effetti non sono limitati al momento o al luogo in cui vengono realizzate, ma si trasmettono di generazione in generazione diventando parte del tessuto culturale e delle credenze popolari. Ne ricevetti uno shock capace di togliermi il sonno per molte notti e quella serata, segnò l'inizio di un periodo di studio che si protrasse negli anni a venire. Questo libro racconta quindi una storia che ci riguarda tutti e tocca direttamente i nostri interessi e la nostra quotidianità anche se, in questo momento, è probabile che non vi sia facile immaginare in che modo.

Un termine di uso comune come "Propaganda" può suggerire qualcosa di conosciuto, noto, e di conseguenza scarsamente interessante.

La naturale propensione di noi tutti a cercare rassicurazioni può convincere che nulla di oscuro o sottotraccia intacchi la nostra quotidianità o i nostri pensieri, ma si tratta di un grosso errore di valutazione. La prima domanda che dobbiamo porci è: "Conosco davvero il significato e le implicazioni del termine: Propaganda?", Perché una conoscenza marginale o generica non ci mette per niente al sicuro; è un po' come essere consapevoli dell'esistenza dei ladri in questo mondo, ma non sapere che proprio ora, mentre leggete queste righe in libreria, aspettando di decidere se acquistare o meno il testo, qualcuno vi sta svaligiando l'appartamento.

La differenza tra avere o meno un'informazione simile è facilmente comprensibile: se lo sapete, i malviventi troveranno la polizia ad aspettarli fuori dalla porta di casa, se non sospettate nulla, al vostro rientro vi aspetta la sorpresa di un appartamento vuoto e la spesso inutile denuncia contro ignoti. Questo principio è ovviamente applicabile in ogni ambito; la nostra stessa vita ad esempio, può dipendere dalla differenza tra sapere che un farmaco da banco, venduto liberamente e senza ricetta, è estremamente pericoloso e non saperlo[1].

L'informazione è un'arma molto potente, ci permette di non commettere errori che possono stravolgerci l'esistenza ma può anche essere utilizzata contro di noi quando è negata parzialmente, del tutto, o peggio: quando viene manipolata.

Negli ultimi anni sempre più persone sembrano essersi risvegliate da un sogno; la civiltà occidentale, grazie a dei mantra come: "progresso", "tecnologia" e "scienza", aveva promesso al mondo un futuro migliore e una qualità della vita con prospettive molto alte. In realtà, le scoperte scientifiche e il progresso tecnologico non sembrano aver proceduto di pari passo con il benessere di ognuno al punto che, crisi economica a parte (che ci sta comunque piombando addosso con esiti che forse non tutti hanno ancora ben compreso), è vero che possiamo acquistare un telefonino dalle caratteristiche fantascientifiche, più potente dei computer che hanno portato i primi

---

1   A titolo di esempio:
http://www.ilpost.it/2010/09/14/quanto-e-pericoloso-il-voltaren/
http://www.dica33.it/cont/news/1201/1100/prevenzione-lacido-acetilsalicilico-
    danni-benefici.asp

astronauti in orbita, ma per contro, è anche vero che soltanto pochi sono in grado di utilizzare o comprendono fino in fondo la fantastica tecnologia che tengono sul palmo di una mano; e questo, aggiunto al fatto che ci siamo disabituati a pensare criticamente, ha reso tutti molto più vulnerabili, portandoci progressivamente e passivamente a rinunciare a molti dei nostri diritti di liberi cittadini in cambio di una "applicazione" gratis o di un account su facebook. In modo analogo possiamo assistere a operazioni chirurgiche inimmaginabili cinquanta anni fa che hanno aumentato enormemente le possibilità di sopravvivenza degli individui, ma sono anche esplose in modo preoccupante malattie degenerative, autoimmuni, e tutta una serie di problematiche che hanno messo in crisi la salute umana; le persone che si ammalano e muoiono sono sempre più giovani e la vecchiaia è una condizione che pochi raggiungono in uno stato di buona salute[2].

L'industrializzazione del cibo e la sua eccessiva sofisticazione, l'impiego massiccio dei farmaci, la trasformazione delle nostre abitudini che ha portato all'abbandono di pratiche salutari in cambio di soddisfazioni immediate, semplici da ottenere, ma momentanee e illusorie, lo stress, l'inquinamento, la follia di interventi basati su idee vecchie e non più valide o peggio, su semplici interessi economici come ad esempio le vaccinazioni di massa che non tengono conto della biodiversità di ognuno, hanno aperto le porte a ogni sorta di problematiche legate alla salute che stanno convergendo da alcuni anni in vere e proprie emergenze[3].

Stiamo assistendo quindi a una sorta di risveglio in cui molte persone iniziano, grazie anche alla libera circolazione delle informazioni,

---

2   Filippo Ongaro, medico degli astronauti presso la NASA afferma: "...Negli USA il numero di persone affette da Alzheimer aumenterà dai 4 milioni di oggi a 16 milioni nel 2050: un numero di malati pari all'intera popolazione dell'Olanda" E stiamo parlando di una sola malattia "...Nonostante i grandi progressi di cui si vanta la scienza medica, la gente si ammala sempre di più e i costi dei servizi sanitari sono cresciuti costantemente fino a raggiungere una media del 10% del prodotto interno lordo" (Filippo Ongaro - Le 10 chiavi della salute - Salus 2008 - Pag. 20-25)

3   Si parla di emergenza per le malattie neurodegenerative legate all'invecchiamento ma anche per l'autismo e per le malattie croniche. A titolo di esempio: http://www.emergenzautismo.org/content/view/417/71/

realizzata con l'avvento di internet, a tornare sui propri passi.

Sono stati scritti moltissimi saggi dedicati all'alimentazione, a pratiche di allenamento per il benessere del nostro corpo, alle discipline per il controllo dello stress, e ad ogni aspetto insomma, che possa essere utile per riprendere possesso della nostra salute e per prevenire o correggere i danni che siamo in grado di arrecare a noi stessi grazie a delle pessime abitudini. Ma c'è una variabile del nostro benessere quasi del tutto ignorata (tranne dagli addetti ai lavori) anche se fondamentale e potenzialmente molto pericolosa: si tratta della nostra sanità mentale, e non mi riferisco a patologie psichiatriche che richiedano l'intervento di cure farmacologiche o medici specializzati, ma a quel vero e proprio attacco frontale che è stato mosso ai nostri cervelli da forze oscure (che agiscono nell'ombra), con un'arma terrificante perché invisibile, inodore, incolore e insapore: è un'arma in grado di plasmare le nostre menti, di spegnere il nostro senso critico. Eppure nessuno la teme proprio perché invisibile e impercettibile. Generalmente se ne ignora del tutto l'esistenza, oppure, se ne possiede una conoscenza talmente superficiale da ritenerla innocua o efficace soltanto per ipotetiche menti deboli che ovviamente appartengono sempre a presunti "altri" e non sono mai le nostre. Anche chi è convinto di saperla lunga, non è sempre in grado di prevenirne gli effetti. Sto parlando di propaganda ovviamente, ma non quella che ci hanno insegnato a scuola o di cui abbiamo letto in qualche libro di storia, appartenente a un remoto passato, ai regimi totalitari o a paesi lontani (all'unico aspetto cioè comunemente conosciuto dalla massa); ciò di cui parlo rappresenta una realtà scientifica collaudata ed efficiente, utilizzata sistematicamente nelle democrazie occidentali e quindi su tutti noi da almeno una settantina di anni (anche di più). E se la tecnologia aeronautica in un lasso di tempo simile ha portato l'uomo dal sollevarsi pochi metri da terra (il primo volo dei fratelli Wright), fino a mandare robot autosufficienti su Marte, provate a immaginare i progressi che ha fatto in questo campo la scienza che riguarda la psicologia e lo studio del comportamento umano.

Generalmente si identifica la propaganda come una forma di menzogna, ma questo concetto è molto lontano dalla realtà attuale; una menzogna, fine a sé stessa, non è sufficiente a plasmare la mente delle persone in modo permanente o per un lungo periodo.

Le vittime della propaganda si contano sia tra chi non la conosce affatto, che tra quelli che la conoscono marginalmente e se ne sentono immuni perché la considerano deleteria per soggetti mentalmente deboli o di scarso livello intellettuale. Le cose in realtà stanno diversamente; si tratta come ho detto di un'arma estremamente efficace che ci colpisce quotidianamente e a cui nessuno è in grado di sottrarsi: persone semplici o intellettuali ne sono esposti in uguale misura, spesso anzi, sono proprio gli intellettuali a trasformarsi in veicoli inconsapevoli della propaganda e come scrisse Gustav Le Bon nel suo "Psicologia delle folle": "Non c'è differenza tra un matematico e il suo ciabattino"[4]. I pochi abbastanza protetti, e sottolineo abbastanza perché non si è mai "completamente" protetti, sono quelli che ne conoscono le basi e le metodologie d'uso e che dispongono quindi di uno strumento in grado di renderla visibile e manifesta.

Questo libro non ha la pretesa di esaurire un argomento simile, estremamente vasto e decisamente complesso, ma si propone di essere divulgativo e non strettamente tecnico; fornendo tutta una serie di informazioni utili per comprendere il profondo livello di manipolazione a cui siamo sottoposti in modo che ognuno possa alzare la sua soglia di attenzione evitando le trappole più macroscopiche e coltivando le capacità analitiche per scoprire quelle più infide.

I fatti storici che leggerete sono di pubblico dominio (nulla di misterioso, fantascientifico o come direbbe la propaganda utilizzando un termine improprio: complottista) ma sicuramente sono in grado di provocare una certa inquietudine se non un autentico shock nel momento in cui si comprende di essere "soggetti coinvolti" in prima persona, strumenti o vittime cioè, di operazioni pianificate da gente che lavora nell'ombra. Ovviamente tutto ciò che è di pubblico dominio rappresenta soltanto l'aspetto più evidente; ma una volta capiti i metodi sarete in grado di intuire anche ciò che ancora non è lampante, che ancora non è stato rivelato; questa capacità può sicuramente spaventare o annichilire.

Tempo fa un amico medico mi disse che parlare alla gente sull'importanza dell'alimentazione per preservare la salute, era per-

---

4   Gustav Le Bon "Psicologia delle folle" (1895)

fettamente inutile a causa della resistenza che ognuno ha nel cambiare le proprie abitudini. L'unico modo per convincere il pubblico, disse, è spaventarlo; era convinto che si sarebbero dovute trascinare le persone negli ospedali perché toccassero con mano gli effetti devastanti di una vita sregolata. Curiosamente questo concetto è vero anche per la politica, la pubblicità e l'intrattenimento; tutte discipline che utilizzano la propaganda e che hanno compreso che la paura è un'arma potente e molto efficace da utilizzare per raggiungere lo scopo: sia esso un voto, una legge, una vendita o un buon incasso al botteghino.

Il libro che avete tra le mani non è scritto con l'intento di spaventare; non vuole servirsi di facili e mediocri sensazionalismi, ma la conoscenza spesso porta con se inquietudine e successivamente rifiuto perché siamo esseri conservatori; possediamo questo istinto fortemente sviluppato che ci ha permesso di sopravvivere in quanto specie ma che si rivela anche un tallone d'Achille particolarmente insidioso quando lavora contro di noi. Il nuovo e l'ignoto, ci spaventano perché possono mettere in crisi le nostre certezze e le fondamenta su cui abbiamo costruito le nostre vite ma fondamentalmente perché ogni nuova presa di coscienza ci restituisce la responsabilità individuale del nostro agire. Ognuno di noi rifugge istintivamente da ciò che provoca sofferenza e da quello che implica fatica; i cibi precotti hanno avuto un enorme successo di vendite perché evitano la fatica di cucinare e accorciano i tempi di attesa. In una società frenetica come la nostra, facile e veloce è il nostro motto; ma non ci fermiamo mai a pensare al prezzo da pagare per tutto questo fino a quando non è troppo tardi. E se non ci fermiamo a riflettere, è perché ogni nuova comprensione o conoscenza può portare con sé della sofferenza. È il cane che si morde la coda, un circolo vizioso dagli esiti spesso devastanti.

Posso garantirvi che alla fine di questo libro non guarderete più un film allo stesso modo, né leggerete un giornale o ascolterete una notizia come prima. E sarete probabilmente costretti a riflettere sulle vostre opinioni, sui vostri gusti e sul perché magari avete acquistato un paio di Jeans tagliuzzati e strappati pagandoli una fortuna, convinti non solo che siano belli e che vi rendano speciali, ma soprattutto che "vi piacciano" davvero, senza mai domandarvi perché avvertite queste sensazioni dato che in realtà vi state conformando a una moltitudine che sta pensando esattamente le stesse cose, provando le medesime sensazioni. Siamo omologati, non certo unici e speciali. È il paradosso dello slogan lanciato dalla Apple: "Think Different", un invito a essere e pensare diversamente quando poi migliaia di persone si accampano fuori dai negozi per assicurarsi il nuovo modello di smartphone conformandosi al pensiero unico. È il bipensiero (double think) di Orwelliana memoria che si è concretizzato. Ma capire tutto questo non è necessariamente un male. Potrete anzi trovare molti spunti interessanti dal vedere con occhio diverso e più attento queste, e molte altre cose ma soprattutto, superando lo smarrimento iniziale che le scoperte in genere portano con sé, vi sentirete più protetti e capirete di avere in mano uno strumento potente di difesa, anche se questo comporterà il dover rivedere molte delle vostre convinzioni.

Nel film "Matrix", il traditore Cypher, consapevole di mangiare una bistecca che non esiste, si tratta infatti di un'illusione creata dal computer così come il ristorante in cui si trova, afferma che: "L'ignoranza è un bene". La sua riflessione in realtà incarna la convinzione di molte persone: "Meglio non sapere, si vive più tranquilli e con meno paranoie", ma a meno che la vostra massima aspirazione non sia quella di vivere perennemente piegati a novanta gradi offrendo il vostro deretano a chiunque abbia voglia di approfittarne salvo lamentarvi poi per i dolori e le conseguenze, ci sono anche i vostri figli, se ne avete, che meritano di crescere con la possibilità di potersi difendere.

Per imitare Morpheus del suddetto film, vi sto porgendo la pillola rossa e la possibilità di scoprire quanto è profonda la tana del bianconiglio. Ma vi offro soltanto la verità, nulla di più e non è detto che debba piacervi. Certo, vi sarà utile. Oppure, potete sempre chiudere il libro adesso e lasciarlo sullo scaffale ingoiando così la pillola blu. Ma se decidete di continuare, difficilmente tornerete indietro e la vostra visione delle cose ne uscirà profondamente modificata (Come i più scaltri avranno capito, in questo preciso momento sto facendo uso anch'io della famigerata propaganda).

Buona lettura.

Foto N.1

Il celebre manifesto dello Zio Sam che invitava i cittadini ad arruolarsi durante la grande guerra (1917). Questo personaggio ideato fin dalla guerra d'indipendenza americana, servirà da modello per un altro personaggio ormai famoso e amato in tutto il mondo. Avete il coraggio di continuare nella lettura e scoprire di chi si tratta?

Manipolare le carte, manipolare gli oggetti,
sono cose che vanno molto al di là del semplice gesto di destrezza.
La vera abilità del prestigiatore consiste nella capacità di influenzare le menti.
E fare un gioco di prestigio riuscito significa creare una realtà.
Una realtà alternativa dove sei tu a stabilire le regole.
(Gianrico Carofiglio)

La terza guerra mondiale, o la quarta, a seconda della vostra percezione degli eventi, è in corso da almeno settant'anni; vittime e bersagli di questa guerra siamo noi, o meglio, i nostri cervelli. Si tratta di un conflitto invisibile atto a modificare la nostra percezione della realtà e a distruggere (o inibire) il nostro senso critico con lo scopo di costruire idee, opinioni e gusti, che anche se consideriamo: "Farina del nostro sacco", sono in realtà "innesti" costruiti a tavolino dai generali, altrettanto invisibili, che stanno conducendo vittoriosamente questa guerra: gli "Spin Doctors"[5] (Letteralmente: dottori del raggiro NdR).
Prima di iniziare dobbiamo porci una semplice domanda: Quanto pensiamo di sapere sulla propaganda? La risposta, per la stragrande maggioranza delle persone, è stereotipata; la propaganda viene associata ad esempio a figure in stile Goebbels, o a un'arringa di Hitler, a un discorso di Stalin e via dicendo. Molto difficilmente riusciamo a collegarla ai mondiali di calcio del 1982 (per chi li ha vissuti), o a certe dichiarazioni dei nostri politici come gli 80 euro in busta paga, il milione di posti di lavoro, o agli appelli del tipo: "Dobbiamo salvare i bambini!" e "Lo facciamo per la vostra salute!", che fanno leva sulla paura al fine di ottenere un vasto consenso in vista di provvedimenti controversi che normalmente non verrebbero accettati a cuor leggero. Il motivo di questa nostra differenza percettiva risiede nel contesto culturale in cui siamo inseriti; è molto più semplice cioè accorgersi di un messaggio propagandistico o di una manipolazione

---

5   Spin Doctors, chiamati anche: dottori del raggiro. Consulenti esperti nell'arte della comunicazione; elaborano strategie e affiancano politici, giornalisti, pubblicitari (Ndr).

del reale quando il sistema culturale che stiamo analizzando si distacca nettamente dalla nostra rappresentazione della realtà. Conseguentemente, in ciò che consideriamo la nostra realtà perché inserita nel nostro attuale sistema culturale, non riusciamo ad accorgerci di queste pratiche. Un altro motivo che ci rende incapaci di cogliere le manipolazioni della moderna propaganda è rintracciabile nelle tecniche che essa utilizza, invisibili perché non dirette all'intelletto ma esclusivamente alla sfera emotiva; capaci cioè di scavalcare completamente razionalità e pensiero critico al punto che il messaggio diventa efficace a tutti i bersagli senza distinzioni di livello culturale o intellettivo.

Per iniziare a comprendere come funziona la propaganda possiamo fare un parallelo con la figura dell'illusionista; Il fine di questa professione che ci regala momenti di autentica meraviglia, non è certo quello di fare magie ma di creare "illusioni" modificando la nostra percezione della realtà. Per riuscirci, l'illusionista utilizza due strategie adottate anche dai registi cinematografici[6]: "L'inganno" e la "Distrazione". L'illusionista, così come il regista, sono letteralmente: maestri dell'inganno.

Oggi grazie alla rete abbiamo accesso a ogni tipo di informazione e non siamo costretti a subire passivamente ciò che ci viene raccontato dalla tv o dai giornali. Questo significa che siamo in grado di avere una parte attiva, possiamo controllare e verificare le fonti delle notizie; possiamo addirittura avere accesso alla ricerca medica o scientifica per controllare se certi proclami che vengono fatti attraverso i media corrispondono o meno alla verità, abbiamo quindi la possibilità di non subire autisticamente l'opera della propaganda a patto di esserne consapevoli e di essere in grado di accettare l'inevitabile sforzo che richiede il sapersi informare, controllare le fonti ed esercitare attivamente il nostro senso critico. Per farlo dobbiamo prima però renderci conto dell'inganno e superare l'idea che siamo liberi da sovrastrutture e protetti da influenze esterne perché non è vero.

Vorrei scalfire alcune comuni certezze; è importante a questo punto

---

6   Il regista Martin Scorsese ha definito il mestiere di regista parallelo a quello dell'illusionista (A Personal Journey with Martin Scorsese Through American Movies - 1995)

capire una cosa: possiamo fidarci sempre del nostro cervello? La risposta è no; si tratta di un organo che dispone di molti automatismi che nella maggior parte dei casi sono estremamente utili, come ad esempio la risposta reattiva in caso di un pericolo imminente, ma in altre occasioni, il nostro "software" o sistema operativo, non è in grado di interpretare correttamente una situazione e gli automatismi che utilizza per "adattarsi" commettono errori grossolani. Soltanto per fare un esempio, gusto e odorato fanno parte di questi automatismi: sentiamo un sapore cattivo in bocca o prima ancora ne sentiamo l'odore, e il nostro cervello cataloga il cibo come non commestibile ordinandoci di sputarlo o di non assaggiarlo. Ma se l'odore e il sapore sono invitanti, stimolano tutta una serie di recettori del piacere e il nostro cervello sarà ben felice di ordinarci: "mangia a sazietà". Ecco perché l'industria del cibo ha investito molto denaro nella ricerca di componenti chimiche in grado di donare un buon sapore e un buon odore a delle schifezze immonde con le quali avveleniamo quotidianamente il nostro organismo.

Vi propongo ora alcuni giochini molto facili giusto per rompere il ghiaccio; si tratta di test piuttosto semplici, lontani dalle sofisticate tecniche di cui parleremo, ma possono fornirvi un'idea di massima sugli errori interpretativi dovuti agli automatismi del cervello:

Se non avete mai visto il "Test della ballerina", collegatevi alla rete e andate a questo indirizzo: http://www.erboristeriarcobaleno.com/ test_della_ballerina.html

Osservate l'immagine della ballerina che piroetta e provate a stabilire se gira in senso orario o in senso antiorario. (Foto N.2)

Alcuni di voi la vedranno ruotare in senso orario mentre altri la vedranno ruotare in senso antiorario. Se avete pazienza, non è facile, ma continuando ad osservarla e distogliendo per un attimo lo sguardo per poi tornare a fissarlo sull'animazione, la vedrete cambiare direzione. Non ci credete? Non c'è nessun trucco, questo test è stato ideato dal web designer giapponese Nobuyuki Kayahara[7] nel 2003

____

7   https://it.wikipedia.org/wiki/Ballerina_girevole

ed evidenzia il fatto che in mancanza di punti di riferimento (la ballerina è una sagoma completamente nera), il cervello interpreta a suo modo il movimento fornendoci un certo numero di possibilità di vederla ruotare in una direzione o nell'altra ma quale è quella giusta se riusciamo ad osservare entrambi i movimenti? Dobbiamo fidarci della nostra mente che però non è in grado di darci una risposta univoca e definitiva. Se ancora non siete convinti e credete si tratti di un trucco, sempre allo stesso indirizzo, scorrendo la pagina verso il basso, potete visualizzare la prova di quanto affermato (Foto N.3)

Come si può notare, avendo dei punti di riferimento che sono stati disegnati sulla sagoma, per il nostro cervello è possibile osservare la ballerina ruotare in entrambi i sensi. Se fissate lo sguardo sulla figura al centro e poi lo spostate a destra o a sinistra, vedrete la stessa immagine ruotare in un senso o nell'altro. La morale di questa storiella è che la nostra mente interpreta e può confondersi; di conseguenza chi ne conosce il funzionamento è anche in grado di provocare determinate reazioni.

Il secondo gioco che vi voglio proporre, aiuta a capire i limiti della nostra mente nel comprendere alcuni concetti a livello intuitivo; è interessante perché nei dibattiti televisivi o nei giornali, un sacco di esperti, politici e oratori si riempiono la bocca con un termine di uso comune: "Crescita esponenziale", e ognuno di noi accetta questo modo di dire immaginando un mercato florido, la disoccupazione alle stelle, o qualsiasi altra cosa sia associata a questa forma verbale. La realtà è che chi abusa di questo termine ma anche chi si ritrova ad ascoltarlo dappertutto, spesso non ha la minima idea di che cosa voglia dire. La nostra mente non è in grado di concepire al volo un concetto come "crescita esponenziale" e adesso ve lo proverò: l'importante è non barare (la calcolatrice usatela soltanto alla fine per verificare i risultati). Ciò che vi chiedo è di ipotizzare usando la vostra immaginazione senza mettervi a contare ma esprimendovi per approssimazione, come quando vi chiedono di valutare una misura ricordando un fatto accaduto in passato: "A che distanza era dall'automobile quando ha visto l'incidente?" "Più o meno 200 metri". In casi come questo, se avete un buon occhio il valore approssimativo non si discosta molto dalla realtà.

Ecco la mia domanda:
immaginate di avere un foglio di carta spesso un millimetro; se lo ripiegate su se stesso otterrete ovviamente un foglio spesso due millimetri e così via. Ora, ipoteticamente, quante volte dovete ripiegare il foglio su se stesso per ottenere un'altezza diciamo pari a una montagna come l'Everest? (circa 8000 metri). Scegliete un numero compreso tra 10 e 100.000.

Esprimete la vostra valutazione senza fare calcoli ma lasciandovi guidare dall'istinto. Avete fatto? Allora leggete il risultato qui sotto.

Quanti di voi si sono avvicinati al numero 23? Perché è ripiegando 23 volte il foglio da un millimetro che otteniamo un'altezza di 8388 metri e 608 centimetri. Ora potete verificare con la calcolatrice e nel frattempo considerate come la vostra mente è incapace di afferrare il concetto di "Crescita Esponenziale". Queste due piccole dimostrazioni servono soltanto a instillare un dubbio sulle vostre certezze a proposito della vostra capacità di giudizio o del fatto che il vostro cervello sia immune dal commettere errori di interpretazione. Perché allora le persone che si occupano di propaganda possono essere paragonati agli illusionisti?

Per un motivo molto semplice che il regista Martin Scorsese ha spiegato descrivendo il suo mestiere; perché di fatto il regista di successo è colui che riesce a farvi credere all'impossibile violando di continuo la logica. Se si tratta di un pessimo regista uscirete anticipatamente dal cinema esclamando: "Che boiata!", Ma se è bravo vi entusiasmerete provando meraviglia, paura, commozione e risate perché per un'ora e mezza avrete di fatto sospeso il vostro senso critico anche sapendo che si tratta "soltanto" di un film. Avrete cioè deciso di credere a quello che state vedendo sullo schermo, siglando nel contempo, un patto silenzioso con il regista/ illusionista. E ciò a cui state assistendo, è programmato e studiato per provocare e manipolare la vostra sfera emotiva con tecniche collaudate. Ma non ha mai alcuna attinenza con la realtà o con la logica.

Quando guardate un illusionista, sapete che non è un vero mago e che dietro a quello che fa c'è sempre il trucco. Eppure volete meravigliarvi e stupirvi; arrovellarvi per capire come ha fatto. La bravura dell'illusionista sta tutta nella sua capacità di distrarvi. Tutta la sua teatralità è mirata a farvi distogliere l'attenzione da ciò che sta realmente facendo.

Provate ora a pensare se questo tipo di inganno/distrazione, venisse perpetrato ai nostri danni quotidianamente e a nostra totale insaputa; con il preciso intento di pilotare le nostre emozioni suggerendoci cosa pensare. Nella vita reale nessuno ci dice che stiamo assistendo a un film o a uno spettacolo di illusionisti, di conseguenza il trucco risulta ancora più efficace perché non si esaurisce dopo un'ora e mezza. Non essendo consapevoli che si tratta di finzione, lo spettacolo entra nella nostra quotidianità e le idee che ci vengono suggerite possono trasformarsi nel tempo in certezze acquisite. Questa può essere considerata l'essenza della moderna propaganda (in realtà, anche se il film dura un'ora e mezza e ne conosciamo la natura fittizia, il cinema è uno strumento potente in grado di manipolare la nostra percezione del reale, ma lo vedremo nel capitolo ad esso dedicato).

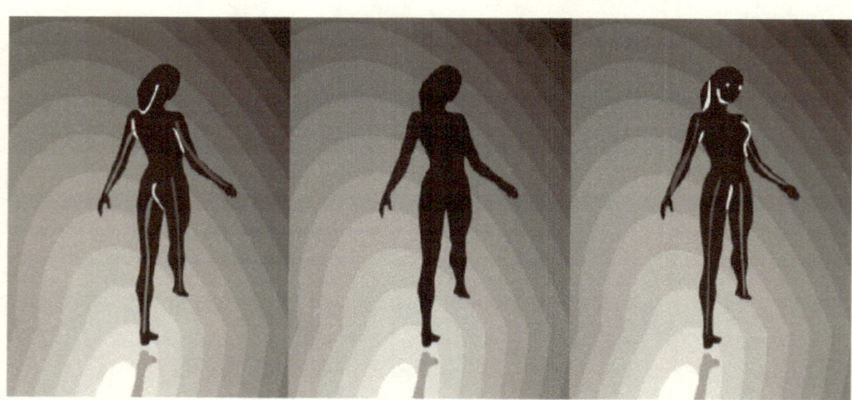

Foto N.2 Immagine della ballerina giravole

Foto N.3 L'immagine con disegnati i punti di riferimento che permettono di vederla ruotare in entrambi i sensi.

3   È soltanto una menzogna?

È più facile ingannare le masse con una fandonia esagerata
che con una piccola bugia.
(Adolf Hitler)

Se guardiamo alla propaganda diffusa dai media dell'ex Unione Sovietica o del Nazional Socialismo, tendiamo a identificare questo termine con la menzogna che oggi chiameremmo: "Fake News"[8]. Ma è davvero così? La propaganda è soltanto una menzogna? Si e No; non esclusivamente. Mentire è soltanto una delle sue componenti che come abbiamo detto comprendono anche: manipolazione, emozione, distrazione, sottrazione. Per capire come si è evoluta la moderna propaganda possiamo fare un breve excursus storico iniziando proprio dalle Fake News; Questo termine è stato adottato di recente con l'intento di associarlo a un'immagine negativa di internet legittimando nel contempo le notizie date dagli organi ufficiali di stampa. Peccato però che La falsa notizia, non sia certo nata con la rete e sia, per contro, da sempre utilizzata e diffusa proprio dalla politica e dai media mainstream come giornali e TV. Che si tratti di società dai governi autoritari o democratici non fa differenza; la Fake News ha sempre rappresentato una necessità per chi esercita il potere.
Le prime tracce di notizie fasulle possono essere fatte risalire all'antica civiltà egizia dove non era raro che i Faraoni, per affermare la loro natura divina e mantenere autorità e fama, ordinassero di scolpire nella pietra imprese eroiche e fantastiche che in realtà non avevano mai compiuto ma che risultavano suggestive e assolutamente veritiere dal popolo perché diffuse dagli scribi e dalle massime autorità dell'epoca. A questo proposito, di recente è stata messa in dubbio anche la reputazione di uno dei faraoni più famosi: Ramses II detto il grande. Il dottor Nicky Nielsen dell'università di Manchester ha infatti pubblicato uno studio sulla rivista Antiquity[9] in cui

---

8   Notizie false, con particolare riferimento a quelle diffuse mediante la Rete. (Dizionario Treccani)
9   https://tinyurl.com/3p868s4k

afferma che i famosi monumenti che annunciano la sua abilità come guerriero e la feroce guerra che stava conducendo e vincendo con i suoi vicini in Libia, Nubia e vicino Oriente, non sono altro che propaganda; vere e proprie Fake News ante litteram. Ha infatti scoperto numerose evidenze che dimostrano come, ai confini con la Libia, gli occupanti egiziani della fortezza di Zawiyet Umm el-Rakham facessero affidamento sui libici locali non solo per il commercio, ma anche per la loro conoscenza dell'ambiente locale, per metodi di agricoltura efficaci e vivessero sostanzialmente in pace. Secondo i ricercatori, le prove scoperte da Nielsen si sommano alle altre numerose evidenze già raccolte che dimostrano come la convinzione diffusa che Ramses fosse uno dei più grandi generali della storia, è completamente sbagliata[10].

La menzogna ha sempre fatto parte ed è sempre stata una necessità del potere costituito; dire una bugia è un esercizio di potere e per capirlo ci basta pensare alla questione delle armi di distruzione di massa, ostentata dai governi Americano e Inglese al fine di giustificare la guerra contro l'Iraq e rivelatasi a posteriori come una colossale menzogna (che fu diffusa con la teatralità dell'illusionista quando il segretario di stato USA, Colin Powell, agitò una fialetta di antrace davanti al consiglio delle Nazioni Unite)[11]. L'inganno rivolto al popolo è uno strumento politico atto a preservare l'ordine sociale e in questa ottica è doveroso segnalare il contributo dato da Niccolò Machiavelli alla pratica dell'inganno spostando la percezione della menzogna da: "pratica necessaria ma non etica", a: "pratica necessaria e fondamentalmente etica" a cui un capo non può sottrarsi se vuole agire per il bene della sua gente; scrive Machiavelli: "..un Principe è spesso obbligato, «per mantenere lo Stato» a «operare contro alla umanità, contro alla carità, contro alla religione». Deve cioè «saper entrare nel male». L'apparenza dev'essere ben diversa: occorre che appaia «a vederlo e udirlo, tutto pietà, tutto integrità, tutto umanità, tutto religione». la menzogna, ammantata di pietà, integrità, umanità e religione, è ammissibile quale strumento di governo nella

---

10 https://www.manchester.ac.uk/discover/news/new-evidence-shows-might-of-pharaoh-ramses-is-fake-news/

11 https://oltrelalinea.news/2017/03/17/armi-chimiche-storia-di-una-menzogna/

misura - e nei casi - in cui si presenta come indispensabile. se la dissimulazione è ben orchestrata, il popolo non sarà in grado di smascherarla"[12]. Machiavelli, sdoganando l'idea di menzogna etica, fornisce un alibi notevole a chi governa che può giustificare sé stesso convincendosi di agire per il bene della sua gente.

Ma la bugia ha le gambe corte, come dice un proverbio e la caratteristica delle frottole è che possono essere intuite, scoperte, e avere un tempo di vita limitato: "Potete ingannare tutti per qualche tempo e qualcuno per sempre, ma non potete ingannare tutti per sempre" disse Abramo Lincoln[13]. Era quindi inevitabile che prima o poi l'arte della propaganda evolvesse trovando nuove strade e superando l'idea della menzogna per arrivare a una più profonda influenza nel controllo sociale.

Il primo personaggio che iniziò a studiare scientificamente il comportamento delle folle proponendo tecniche mirate a guidarle e controllarle tramite la suggestione, fu Gustav Le Bon oggi considerato il fondatore della psicologia delle masse. Nel suo testo: "Psicologia delle folle"[14] (1895), tra le altre cose Le Bon Scrive:

"L'illusione risulta essere più importante della realtà..."

"...Nella storia l'apparenza ha sempre avuto un ruolo più importante della realtà. Le folle non si lasciano influenzare dai ragionamenti. Le folle sono colpite soprattutto da ciò che vi è di meraviglioso nelle cose. Esse pensano per immagini, e queste immagini si succedono senza alcun legame..."

"...La folla, per quanto neutra la si supponga, si trova sempre in uno stato di attenzione aspettante favorevole alla suggestione. La prima suggestione formulata s'impone, per contagio, a tutti i cervelli, e stabilisce subito l'orientamento..."

"...La folla pensa per immagini, e l'immagine evocata ne evoca essa stessa molte altre che non hanno nessun nesso logico con la prima..."[15]

---

12 Niccolò Machiavelli (Il Principe - 1532)
13 Abramo Lincoln - Discorso a Cinton - 1858
14 https://cronologia.leonardo.it/lebon/indice.htm
15 Gustav Le Bon - Psicologia delle folle - (1895)

Le Bon comprende quindi l'importanza del fattore emotivo legato all'immagine; è importante rilevare che Benito Mussolini fu talmente colpito dall'opera di Gustav Le Bon da prenderla come riferimento per la campagna di propaganda che costruì attorno alla sua immagine; su Gustav Le Bon il dittatore si espresse così:

"Ho letto tutta l'opera di Le Bon e non so quante volte abbia riletto la sua "Psicologia delle folle" È un opera capitale alla quale ancora oggi spesso ritorno"[16].

Mussolini infatti utilizza moltissimi stratagemmi al fine di mostrare un'immagine forte e tranquillizzante, capace di colpire l'immaginario e le speranze degli italiani. Solo per citarne alcuni, nelle cartoline da distribuire viene sempre fotografato con un'angolazione dal basso verso l'alto in modo che la sua immagine risulti imponente; nel cinema, questo tipo di inquadratura viene utilizzato perché è in grado di mettere psicologicamente in soggezione lo spettatore, esattamente come quando ci troviamo a contemplare un'imponente opera di architettura o una nave gigantesca che guardiamo con ammirazione provando un senso di inferiorità, sentendoci poi piccoli piccoli. Il duce inoltre, si fa spesso ritrarre sotto varie vesti tra cui quella con il frustino e il fez. Il frustino è un simbolo associabile alla disciplina e alla figura materna, severa ma giusta. Mentre il fez, tra le altre cose è anche un simbolo di uguaglianza e appartenenza; Mussolini mostra di essere uno del popolo.

Il testo di Gustav Le Bon troverà naturalmente anche altri estimatori tra cui Lenin e Hitler proprio perché, per la prima volta, una ricerca effettuata con un approccio clinico e scientifico, mostrava l'opportunità di manipolare le folle grazie alla suggestione; evidenziava cioè il potere di colpire le persone a prescindere dal loro status intellettuale o sociale. Scrive ancora Le Bon:

"Una folla non ha bisogno di essere numerosa perché la sua facoltà di vedere correttamente sia distrutta, e i fatti reali sostituiti da allucinazioni senza legame con essi. Pochi individui riuniti costituiscono una folla, e se anche fossero dei gran sapienti, essi rivestono tutti i caratteri delle folle comuni. La facoltà

---

16 https://cronologia.leonardo.it/lebon/indice.htm

d'osservazione e lo spirito critico posseduto da ciascuno di essi,
svanisce...[17]

"...Annullamento della personalità cosciente, predominio della personalità inco-
sciente, orientamento per via della suggestione e di contagio dei sentimenti e delle
idee in un medesimo senso, tendenza a trasformare immediatamente in atti le
idee suggerite: tali sono i principali caratteri dell'individuo nella folla. Egli non
è più sé stesso, ma un automa diventato impotente a guidare la propria volon-
tà..."

Lo studio di Gustav Le Bon aveva aperto la strada alla ricerca sul comportamento delle masse e trentaquattro anni dopo la pubblicazione di *"Psicologia delle folle"*, un altro testo fondamentale farà la sua comparsa gettando le basi della moderna propaganda ed evolvendo il concetto di manipolazione degli individui a livelli assoluti; era entrato in scena un autentico fuoriclasse che molti considereranno un "Genio del male". Un uomo che rivoluzionerà il mondo influenzando milioni di persone e che nella sua lunghissima vita (104 anni) verrà preso ad esempio da dittatori come Hitler e diventerà consigliere di presidenti come Bush padre, un uomo le cui idee e tecniche sopravviveranno alla sua esistenza, un uomo che scrisse un libro intitolato semplicemente: "Propaganda"[18], pubblicato per la prima volta nel 1929.

---

17 Ibidem
18 Edward Bernays - Propaganda (1929)

Foto N.4 Il gesto plateale di Colin Powell che agita la finta fialetta di antrace.
Foto N.5 L'iceberg simboleggia efficacemente quello che è celato alla nostra vista
e si nasconde sotto alla soglia.

4   Il genio del male

"...Se capisci i meccanismi e le logiche
che regolano il comportamento di un gruppo,
puoi controllare e irregimentare le masse
a tuo piacimento e a loro insaputa..."
(Edward Bernays)

Proviamo a immaginare una sala gremita di persone; arriva un relatore e rivolgendosi al pubblico dice: "Ora vi nominerò uno dei cento uomini più importanti del 700, alzi la mano chi non lo conosce". Dopo una breve pausa utile a creare un'aspettativa, enuncia: "Wolfgang Amadeus Mozart". Credo non sia difficile immaginare una sala in cui nessuno del pubblico alza la mano; ma se invece la scena si svolgesse in questo modo? Arriva il relatore e annuncia: "Ora vi nominerò uno dei cento uomini più importanti del ventesimo secolo, alzi la mano chi non lo conosce" e dopo la pausa a effetto pronunciasse il seguente nome: "Edward Louis Bernays"[19], quante persone alzerebbero la mano? Oggi è probabile che qualcuno lo conosca perché negli ultimi anni il suo nome è circolato grazie al web ma fino a poco tempo fa, in Italia, era pressoché sconosciuto; eppure è considerato, come ho detto, uno dei 100 uomini più importanti del ventesimo secolo e il magazine "Life" lo ha annoverato tra i cento americani più influenti del 900. Per le cose che ha realizzato andrebbe studiato nelle scuole; eppure, il suo libro più significativo: "Propaganda" del 1929, è stato tradotto per la prima volta nella nostra lingua, soltanto nel 2006. Bernays può essere considerato a tutti gli effetti l'inventore delle moderne "Public Relations" (pubbliche relazioni) un eufemismo di cui si servono varie agenzie che si occupano di manipolare l'opinione pubblica. Bernays era il nipote di Sigmund Freud e iniziò fin da giovane a costruirsi amicizie e appoggi negli ambienti culturali e altolocati nei quali non mancava mai di nominare la parentela con il famoso e omaggiato zio, padre della psicoanalisi; frequentava i salotti politici ed era vicino all'allora presidente de-

---

19 Edward L. Bernays 1891-1995 (Ndr)

gli Stati Uniti: Thomas Woodrow Wilson.

Edward Bernays non è uno dei tanti "Self Made Man" arrivati in America con le ondate migratorie; di origine ebraica, oltre ai legami di sangue con Freud (sua madre è la sorella), proviene dalla borghesia di Vienna, città in cui nasce nel novembre del 1891. Si inserisce velocemente nell'ambiente dello spettacolo e a soli 21 anni ha già dimostrato le sue doti nel tessere relazioni e nel dare corpo a idee azzardate capaci di trasformare progetti fallimentari in potenziali successi; per queste sue abilità inizierà a curare la promozione di personaggi famosi come, ad esempio, il tenore Enrico Caruso. Ma è con l'avvento della Prima Guerra Mondiale che Bernays avrà l'occasione di stupire il mondo della politica e degli affari mettendo a punto una trasformazione dell'opinione pubblica talmente repentina e potente da lasciare sbigottiti tutti i personaggi più influenti di questi ambienti. Anche un giovane e sconosciuto Adolf Hitler resterà permanentemente impressionato da questa operazione e non a caso, Joseph Goebbels, prenderà come riferimento il primo testo in cui Bernays parla del concetto di relazioni pubbliche: "Crystallizing Public Opinion"[20], per la futura propaganda Nazional Socialista.

Edward Bernays aveva studiato l'opera di Gustav Le Bon e intuì che poteva integrare nei risultati ottenuti dal ricercatore anche le scoperte dello zio Freud. Un terzo personaggio da cui Bernays attinse concetti fondamentali per lo sviluppo del suo teorema fu: Walter Lippman[21], giornalista, scrittore e commentatore politico molto interessato alle scienze sociali e alla comunicazione attraverso i mass media. Bernays lavorò proprio con Lippman per mettere in piedi un'operazione psicologica di massa che come abbiamo detto, trasformerà non solo l'opinione pubblica americana, ma supererà i confini della nazione influenzando quasi tutti i paesi coinvolti nel primo conflitto mondiale; nasceva il concetto de: "I feroci Unni e i bambini Belgi".

Il presidente americano Thomas Woodrow Wilson era stato rieletto nel 1916 grazie alla sua politica neutrale ed era chiaro che l'opinione pubblica americana non aveva nessuna voglia di essere coinvolta nel conflitto che stava insanguinando l'Europa. Quando il governo de-

---

20 https://en.wikipedia.org/wiki/Crystallizing_Public_Opinion
21 https://en.wikipedia.org/wiki/Walter_Lippmann

cide di entrare in guerra a fianco delle forze dell'intesa, il 6 aprile del 1917, la stragrande maggioranza della popolazione è ostile a qualsiasi idea di intervento. Wilson istituisce allora il Committee on Public Information di cui faranno parte giornalisti, intellettuali, pubblicitari e, come consulenti, Edward Bernays e Walter Lippman. Si tratta di un gigantesco laboratorio di propaganda che utilizza tutti i mezzi disponibili all'epoca, dai giornali, ai volantini passando per la radio e per ogni altro strumento di diffusione delle informazioni. È da qui che verrà partorito il celebre poster dello Zio Sam con il dito puntato che recita: "I want you" (io voglio te Ndr - Foto N1)[22].

In un conflitto non esistono buoni e cattivi, le atrocità vengono commesse da entrambe le parti in guerra ma i governi si comportano come se così non fosse e si adoperano per scrivere sulla lavagna la lista dei cattivi. Senza demonizzare l'avversario sarebbe infatti molto più difficile convincere il popolo a combattere e morire. Privare l'avversario di umanità, renderlo alieno e non simile a noi ma più vicino a un animale, è necessario anche per rendere accettabile l'idea dell'omicidio.

La spersonalizzazione inizia dal linguaggio e la neolingua di cui parlava Orwell nel suo romanzo: "1984" è oggi una realtà; le guerre vengono chiamate "missioni di pace" e la disumanizzazione passa anche attraverso l'identificazione di una persona con un parassita[23] come ad esempio: un "ratto"[24]. Tali, per esempio, furono definiti gli ebrei dai nazisti quando avviarono la loro propaganda per incontrare il favore dei cittadini; ma questa pratica è stata utilizzata in svariate occasioni, anche contro gli avversari di Bush durante la propaganda per le elezioni statunitensi[25].

Durante la Prima Guerra Mondiale la propaganda non risparmiò quindi nessuno e i governi lasciarono libero spazio alle molte leggende fantasiose generate dalla paura e dall'isteria perché tornavano

---

22 https://it.wikipedia.org/wiki/Zio_Sam

23 https://www.theguardian.com/artanddesign/shortcuts/2015/nov/18/rats-the-hi-story-of-an-incendiary-cartoon-trope

24 https://historynewsnetwork.org/article/169351

25 https://www.nytimes.com/2000/09/12/us/the-2000-campaign-the-ad-campaign-democrats-see-and-smell-rats-in-gop-ad.html

utili nel far credere che l'avversario fosse una specie di demonio. Per esempio vennero diffuse voci secondo cui, nell'ospedale di Aix era stato riservato un reparto ai soldati tedeschi a cui erano stati cavati gli occhi in Belgio[26]. O che ogni cittadino Belga fosse un franco tiratore che uccideva i soldati tedeschi in modo sleale amputandogli poi le dita per impossessarsi degli anelli. Una quantità incredibile di storie spaventose che diffusero il panico nelle truppe tedesche che iniziarono a identificare ogni civile come un sadico (Il Belgio era un paese neutrale che i tedeschi volevano soltanto attraversare dopo la dichiarazione di guerra alla Francia e alla Russia e da dove giunse notizia di fucilazioni di civili dopo che le forze armate Belghe si opposero a questa marcia iniziando a combattere). Dal fronte opposto si fece ovviamente altrettanto identificando i tedeschi come i peggiori barbari che letteralmente stuprarono un paese inerme. A questo proposito può essere interessante osservare uno dei manifesti della propaganda italiana; anche perché, come sappiamo, pochi anni dopo la fine del primo conflitto la Germania tornerà in guerra a fianco dell'Italia dimostrando come la propaganda è in grado di stravolgere completamente le opinioni e i ricordi della gente.

---

26 Anne Morelli - Principi elementari della propaganda di guerra (Ediesse editore 2005)

Foto N.6 La propaganda anti-Tedesca in Italia durante la prima guerra mondiale; pochi anni dopo il nostro paese diventerà alleato di Hitler nel secondo conflitto mondiale.

L'Italia aveva un'alleanza difensiva con Germania e Austria[27]; nel caso uno di questi paesi fosse stato attaccato, l'altro avrebbe dovuto intervenire in sua difesa. Essendo però la Germania e l'Austria i paesi aggressori, l'Italia aveva tutte le ragioni per stare fuori dalla guerra. Fu convinta a schierarsi contro di loro da un patto segreto siglato con l'Inghilterra[28] che promise al nostro paese una posizione di dominazione sull'Adriatico e molti ampliamenti territoriali; promessa esageratamente generosa a cui l'Italia abboccò piuttosto ingenuamente e che, ovviamente, non venne mantenuta tramutandosi in una delle concause per l'ascesa del fascismo e il coinvolgimento nella Seconda Guerra Mondiale.

L'America da parte sua aveva molti interessi in comune con l'Inghilterra ma la popolazione era assolutamente contraria alla guerra con un presidente eletto proprio per la sua politica di neutralità e ci si domandava se quel gigantesco laboratorio di propaganda che portava il nome di: *Committee on Public Information* sarebbe riuscito in qualche modo a rendere accettabile il coinvolgimento americano nel conflitto. Fu proprio in questa occasione che Edward Bernays, interpretando al meglio i concetti espressi da Gustav LeBon e dallo zio Freud, ideò la campagna in grado di stravolgere completamente l'opinione pubblica innescando un'ondata di isteria anti-tedesca in soli sei mesi. Un risultato che come abbiamo detto stupì anche un giovane Adolf Hitler e superò i confini degli Stati Uniti propagandosi in tutta Europa e colpendo l'immaginario degli artisti che composero poemi e canzoni, trasformandosi di fatto in una potente operazione psicologica di massa. Bernays comprese la potenza di un'immagine forte fissata nella mente delle persone; Le Bon aveva detto che le folle pensano per immagini, che sono letteralmente rapite e affascinate dalle immagini inibendo in questo modo qualsiasi ragionamento basato sulla razionalità e sulla logica (il cinema, come vedremo più avanti, è l'espressione massima di questo meccanismo psicologico), e Bernays diede loro l'immagine capace di accendere le emozioni più forti e primitive: I bambini belgi con le manine mozzate dai feroci soldati tedeschi.

Uno dei principi della propaganda di guerra è quello di rappresenta-

---

27 https://it.wikipedia.org/wiki/Triplice_alleanza_(1882)
28 https://it.wikipedia.org/wiki/Triplice_intesa

re un conflitto come uno scontro tra la civiltà e la barbarie. L'avversario commette sempre e soltanto delle atrocità mentre la nostra parte commette al massimo dei terribili errori. L'avversario è sempre un criminale e nel tripudio di slogan e leggende metropolitane fatte circolare da entrambe le parti, nel 1915 apparve il "Rapporto Bryce"[29] che diventerà ben presto un bestseller capace di sconvolgere l'opinione pubblica americana e quella di molti paesi europei. Fu in questo rapporto che apparve la storia dei bambini belgi con le manine mozzate dai feroci soldati tedeschi. Il rapporto prese il nome dal suo maggiore responsabile: il visconte Lord James Bryce che combinazione, tra le sue amicizie annoverava il presidente Thomas Woodrow Wilson che come abbiamo visto frequentava anche Edward Bernays che fu incaricato di modificare il pensiero del popolo americano rispetto all'entrata in guerra. Bryce era stato anche ambasciatore degli Stati Uniti ed era uno studioso estremamente interessato alla loro politica con molte amicizie in alto loco tra cui quella con un altro presidente: Theodore Roosvelt[30].

Il rapporto Bryce riportava tutta una serie di testimonianze anonime sulle atrocità commesse dai soldati tedeschi in Belgio e fu probabilmente uno dei primi esempi di "guerrilla marketing"[31] della storia; venne tradotto in tutte le principali lingue europee diventando ben presto un autentico bestseller, che sconvolse l'immaginario di interi popoli ispirando poeti, cantautori e artisti in genere che amplificarono ulteriormente il mito dei bambini dalle manine mozzate. Questa, infatti, era la storia che più suscitò emozione tra quelle contenute nel rapporto. Dopo l'uscita del rapporto Bryce la propaganda di guerra in tutta Europa fu centrata sullo stupro del piccolo e indifeso Belgio. Ovviamente in quel momento nessuno pensò che il Belgio, stava per ironia della sorte, mozzando davvero le manine dei bambini nel Congo, praticando una politica basata sul terrorismo al fine di convincere gli uomini africani a lavorare per alimentare l'industria della gomma[32].

---

29 https://en.wikipedia.org/wiki/Committee_on_Alleged_German_Outrages
30 https://www.nytimes.com/1989/01/15/books/presidents-the-power-and-
    the-mediocrity.html
31 https://www.insidemarketing.it/glossario/definizione/guerrilla-marketing/
32 https://tinyurl.com/yc53t534

L'opinione pubblica degli Stati Uniti risultò la più coinvolta emotivamente da questa storia cambiando non soltanto idea nei confronti dell'intervento americano, ma dando vita a una vera e propria isteria anti-tedesca che colpì molti osservatori. È ovvio che in una guerra vengano commesse atrocità; e questo accade sempre da ambo le parti, ma la fake news delle manine mozzate fu un'operazione psicologica di propaganda che venne smascherata dopo il conflitto da vari storici e ricercatori come ad esempio: Arthur Ponsonby[33] e Fernand Van Langenhove[34]. Essi ripercorsero le aree del Belgio menzionate nel rapporto senza trovare alcuna conferma dei supposti episodi ivi narrati. Anche Francesco Saverio Nitti che era stato ministro durante la guerra e in seguito presidente del Consiglio, scrisse nelle sue memorie:

"Abbiamo sentito raccontare la storia dei piccoli infanti belgi ai quali gli Unni avevano mozzato le mani. Dopo la guerra, un ricco americano, scosso dalla propaganda francese inviò in Belgio un emissario per provvedere al mantenimento dei bambini cui erano state tagliate le povere manine. Non riuscì ad incontrarne nemmeno uno. Mister Lloyd George ed io stesso, quando ero capo del governo italiano, abbiamo fatto eseguire delle minuziose ricerche per verificare la veridicità di queste accuse, nelle quali, in certi casi, si specificavano nomi e luoghi. Fu rilevato che tutti i casi, oggetto delle nostre ricerche, erano stati inventati."[35]

Nel frattempo Edward Bernays aveva stupito persone potenti e quel trampolino gli permise di spiccare un balzo verso imprese che sarebbero rimaste impresse indelebilmente nella storia dell'ingegneria sociale e della manipolazione della mente di milioni di individui. Stava nascendo il moderno concetto di propaganda.

---

33 https://en.wikipedia.org/wiki/Falsehood_in_War-Time
34 https://ir.canterbury.ac.nz/server/api/core/bitstreams/b9a48157-d260-42fa-8722-cebf69d08d77/content
35 Anne Morelli - Principi elementari della propaganda di guerra (Ediesse editore 2005)

Foto N.7 Lo stupro del Belgio nella propaganda di guerra del 1917.
La stessa forte immagine evocativa dello stupro verrà riutilizzata nel conflitto in Irak.

Noi siamo governati, le nostre menti vengono plasmate,
i nostri gusti vengono formati,
le nostre idee sono quasi totalmente influenzate
Da uomini di cui non abbiamo mai nemmeno sentito parlare
(Edward Bernays - Propaganda 1929)

Bernays aveva iniziato a delineare e applicare le tecniche che avrebbero manipolato un'opinione pubblica inconsapevole. I fondamenti del suo pensiero furono esposti nel libro "Propaganda" edito nel 1929; e in quello stesso anno Bernays avrebbe realizzato una delle sue imprese più celebri i cui effetti e ripercussioni sono tangibili tutt'oggi.

Una delle più famose campagne mediatiche intraprese da Bernays, capaci di modificare profondamente le opinioni e le credenze popolari, si trasformerà infatti in uno dei più tradizionali simboli dell'emancipazione femminile: "la donna che fuma". Nel secolo scorso questo fu un atto di sfida e di affermazione della propria indipendenza verso una società benpensante, che non aveva alcuna intenzione di riconoscere alla donna la parità dei diritti. Nel 1922 una giovane donna viene arrestata a New York per aver acceso una sigaretta in strada[36]. Le donne sono le grandi escluse dal vizio che negli Stati Uniti sta crescendo sempre più. Ben poche femministe sanno che quella del "diritto al fumo", fino ad allora riservato ai soli uomini, non fu affatto una ribellione spontanea delle donne, ma il risultato di un'operazione mediatica su larga scala, concepita e orchestrata da Edward Bernays, che aveva ricevuto l'incarico da George Washington Hill, presidente della "American Tobacco Company", il quale aveva intuito l'enorme potenziale di mercato costituito dal pubblico femminile. Bernays prese in considerazione le ricerche dello psichiatra e psicoanalista di origini ebraiche Abraham Arden Brill che aveva studiato con Carl Gustav Jung traducendone le maggiori opere assieme a quelle dello zio Freud[37]. Brill, nella sua ricerca, af-

---

36 Edward Bernays "Propaganda" – Fausto Lupetti Editore
37 Ibidem

ferma che le sigarette rappresentano per le donne il simbolo di piacere maschile per eccellenza; poterle fumare liberamente significa esibire vere e proprie "Fiaccole della libertà". Fu così che nel 1929 Bernays organizzò a New York la "fiaccolata" della "brigata delle libertà", durante la quale fece sfilare decine e decine di ragazze che, improvvisamente, si misero a fumare ostentatamente di fronte ad un pubblico allibito. La stampa, previamente avvisata da Bernays, riportò l'episodio a nove colonne, suscitando nella nazione un enorme impatto emotivo: associando un concetto nobile come "Libertà" ad uno ribelle come "Brigata", Bernays aveva creato un nuovo concetto che colpiva dritto al cuore l'immaginario popolare.

Migliaia di donne iniziarono a emulare le ragazze newyorchesi della sfilata; il messaggio era stato recepito chiaramente: "chi era anticonformista e indipendente non poteva non fumare". In pochi mesi la Chesterfield triplicò le vendite, e molti anni dopo la Philip Morris, memore di quell'evento, sfruttò lo stesso concetto inventando il cowboy della Marlboro per pubblicizzare le sue sigarette; Cowboy che incarnava il simbolo della libertà nelle terre selvagge e dell'anticonformismo. Per capire a fondo la portata di tale operazione non va dimenticato che anche nel nuovo millennio, in molti paesi in via di sviluppo, la sigaretta continua ad essere l'emblema dell'emancipazione femminile. Ma Bernays non si fermò qui; successivamente lavorò in collaborazione con l'AMA (Associazione Medici Americani), per produrre ricerche scientifiche che dimostrassero le qualità benefiche del fumo per la salute. Nasceva il concetto di una terza parte indipendente e apparentemente disinteressata (i medici) che attestava su ricerche scientifiche le proprietà del fumo[38]. Si poteva non dare retta al medico e all'esperto di turno?[39] Peccato che sottobanco tutti i finanziamenti per queste ricerche e per questi medici arrivassero sempre dall'industria del tabacco.

Edward Bernays condivideva il pensiero di Walter Lippman che affermava la necessità di fare in modo che le masse si limitino a scegliere tra i membri delle "Classi specializzate" Lippman si spinse a dire che sarebbe stato necessario compiere una rivoluzione nella

---

38 https://www.ncbi.nlm.nih.gov/pmc/articles/PMC1470496/
39 https://www.cbsnews.com/pictures/blowing-smoke-vintage-ads-of-doctors-endorsing-tobacco/13/

pratica della democrazia attraverso la "produzione del consenso". Questo perché il pubblico deve stare al suo posto affinché gli uomini responsabili possano vivere senza il timore di essere calpestati o incornati dalla mandria di bestie selvagge[40].

C'è da dire che questi concetti erano stati già affermati da Alexander Hamilton[41] secondo cui la massa è: "La grande bestia che deve essere domata" e da James Madison[42] per il quale: "Il vero potere, quello che procura la ricchezza della nazione, deve restare nelle mani delle persone più capaci, la principale responsabilità del governo è mantenere la minoranza fortunata al riparo della maggioranza"[43].

Forse in questo momento, state riconsiderando il concetto di democrazia mentre riflettete su chi ci ha definito: "mandria di bestie che deve stare al suo posto". Possiamo quindi dire che Edward Bernays fu l'uomo che riuscì a concretizzare questi pensieri; che riuscì, cioè, a fare in modo che questo controllo del popolo fosse del tutto invisibile e impercettibile. Anzi non doveva limitarsi a essere invisibile: le persone avrebbero dovuto conservare la convinzione di operare le proprie scelte in perfetta autonomia e libertà, senza il sospetto di essere influenzati da nessuno.

Anche Bernays era assolutamente convinto che in una democrazia il popolo andasse guidato come un bambino e per realizzare questo compito, già sapeva che le persone come lui avrebbero costituito una sorta di governo ombra. Nel suo libro Propaganda afferma:

"In quasi tutte le azioni della nostra vita, sia in ambito politico o negli affari o nella nostra condotta sociale o nel nostro pensiero morale, siamo dominati da un relativamente piccolo numero di persone che comprendono i processi mentali e i modelli di comportamento delle masse. Sono loro che tirano i fili che controllano la mente delle persone... Coloro che hanno in mano questo meccanismo, costituiscono il vero potere esecutivo del paese. Quelli che manipolano il meccanismo nascosto della società costituiscono un governo invisibile che è il vero potere che controlla."

40   Edward Bernays - Ibidem
41   https://it.wikipedia.org/wiki/Alexander_Hamilton
42   https://it.wikipedia.org/wiki/James_Madison
43   Edward Bernays - Propaganda - Fausto Lupetti Editore - 2006

Interpretando al meglio l'idea di una terza parte indipendente che sostenesse le operazioni prefissate, Bernays diede vita a una quantità impressionante di associazioni facendo diventare una prassi il finanziamento di ricerche scientifiche mirate a confermare la bontà e la credibilità di un prodotto o di un'azione politica. Questo è un concetto fondamentale da comprendere e ricordare tutte le volte che ci vengono ripetuti in televisione mantra del tipo: "Lo dice la scienza...", "Lo dice l'esperto..." etc.

Poniamo un esempio: se la Fiat (o qualsiasi altra casa automobilistica) affermasse o finanziasse esplicitamente una ricerca per determinare che il riscaldamento globale è una bufala (gli esempi valgono ovviamente anche al contrario), nessuno crederebbe ai risultati di quello studio essendo la Fiat in evidente conflitto di interessi data la sua produzione di automobili; sarebbe lecito in questo caso pensare a una ricerca i cui risultati siano stati manipolati nella direzione voluta. Ma se la stessa ricerca fosse finanziata da un'associazione ambientalista che non abbia apparentemente alcun legame con la Fiat? La gente sarebbe già più confusa.

Per chiarire meglio il concetto riporto qui sotto una breve lista, a titolo di esempio, di istituti dai nomi altisonanti creati ad hoc con lo scopo di sostenere prodotti o azioni controverse:

1. Temperature Research Foundation (Fondazione per lo studio delle temperature).
2. International Food Information Council (Consiglio internazionale per l'informazione alimentare).
3. Consumer Alert (Guardiani del consumatore).
4. The Advancement of Sound Science Coalition (Coalizione per la promozione di una solida scienza)
5. Air Hygiene Foundation (Fondazione per l'igiene dell'aria).
6. Industrial Health Federation (Federazione industriale della salute).
7. Manhattan Institute (Istituto Manhattan).
8. Center for Produce Quality (Centro per la qualità dei prodotti).
9. Tobacco Institute Research Council (Consiglio per l'istituto di ricerca del tabacco).
10. Cato Institute (Istituto Catone).
11. American Council on Science and Health (Consiglio Americano per la scienza e la salute).
12. Global Climate Coalition (Coalizione per il clima globale).
13. Alliance for Better Foods (Alleanza per il cibo migliore).

Foto N.8 La donna che fuma, simbolo dell'emancipazione femminile creato dalla propaganda di Edward Bernays

Foto N.9 I medici consigliano il fumo nella campagna di propaganda di Bernays

I moderni Spin Doctors, gli attuali esperti in pubbliche relazioni e invisibili burattinai manipolatori delle menti che potremmo definire i figli spirituali di Edward Bernays, continuano a creare e sostenere finanziariamente terze parti apparentemente indipendenti per appoggiare le operazioni svolte per i loro clienti.

Negli anni 90 abbiamo visto all'opera una delle più grandi compagnie di PR, la Hill & Knowlton[44] mentre, ispirandosi alla storia dei bambini belgi dalle manine mozzate, convinceva l'opinione pubblica e il congresso degli Stati Uniti a iniziare la prima guerra del golfo nel 1991.

La Hill & Knowlton creò il gruppo "Citizens for a free Kuwait" (Cittadini per il Kuwait libero) allo scopo di nascondere la sponsorizzazione del governo Kuwaitiano che era in combutta con l'amministrazione Bush Senior e durante i sei mesi successivi il governo del Kuwait stanziò circa 12 milioni di dollari a supporto di questo gruppo. Altri 17.861 provenivano da 78 singoli donatori. Quasi l'intero budget, 10.800.000 dollari finì nelle tasche della Hill & Knowlton[45]. Documenti archiviati al Dipartimento di Giustizia Usa, dimostrano che 119 funzionari della H&K furono dislocati in 12 uffici in tutti gli Stati Uniti mettendo in piedi una gigantesca operazione di propaganda che comprendeva, tra le altre cose, la diffusione di notizie, volantini, interviste e la fornitura presso giornalisti influenti e l'esercito USA di oltre 200.000 copie di una guida sulle atrocità compiute dall'Iraq intitolata: "The rape of Kuwait" (Lo stupro del Kuwait)[46]. Ricordate "Lo stupro del Belgio"? L'aggancio capace di scatenare l'immaginario nel pubblico che verrà completamente assoggettato portando avanti la narrazione in modo autonomo e per "contagio" (come descrive bene Gustav Le Bon), avviene il 10 ottobre del 1990, quando l'Assemblea congressuale per i diritti umani organizza un'udienza a Capitol Hill; udienza costruita per apparire come un normale procedimento congressuale ufficiale. Ma la verità era un'altra e se ne accorsero in pochi. John MacArthur[47] che era tra gli

---

44 http://www.digital-pr.it/

45 Vendere la guerra - Sheldon Rampton e John Stauber - Nuovi Mondi Editore 2003

46 Ibidem

47 John MacArthur - Second Front - University of California - 19 Giugno 1992

osservatori notò un dettaglio importante: sebbene l'assemblea fosse presieduta dai deputati Tom Lantos e John Porter, non era una commissione ufficiale del Congresso e di conseguenza era libera da implicazioni legali nel caso che i testimoni potessero mentire. MacArthur ha infatti osservato: "Mentire sotto giuramento di fronte a una commissione congressuale è reato; mentire dietro l'anonimato di fronte a una riunione al vertice è soltanto diplomazia"[48].

Fu in questa occasione che venne offerta la testimonianza più commovente; quella di una ragazzina Kuwaitiana di 15 anni, diventata famosa come l'infermierina del Kuwait. La ragazza venne identificata soltanto per nome: Nayirah; secondo l'assemblea il cognome restava riservato per preservarla da eventuali ritorsioni irachene contro la sua famiglia che era ancora in Kuwait (ma come vedremo questa era una menzogna). La ragazza, tra i singhiozzi, descrisse ciò che aveva visto con i suoi occhi:[49] "Ero volontaria all'ospedale al-Addan, mentre ero lì, ho visto i soldati iracheni entrare nell'ospedale con i fucili e dirigersi nelle camere dove si trovavano i bambini, hanno portato via le incubatrici e li hanno lasciati morire sul pavimento gelido." Questo, asserì, era accaduto a centinaia di bambini.

La storia fece il giro del mondo; fu amplificata in TV, in radio, riportata dallo stesso presidente Bush; se ne parlò ovunque e tre mesi dopo nessuno ebbe nulla da ridire quando iniziarono le ostilità in Iraq.

La famiglia di Nayirah non era ovviamente confinata in Kuwait; il padre anzi, era presente in sala ad ascoltare la testimonianza della figlia: si trattava di Saud Nasir al-Sabah, l'ambasciatore del Kuwait negli Stati Uniti e membro della famiglia reale kuwaitiana[50].

Nayirah non era ovviamente un'infermiera e non aveva assistito a nessun abbandono di neonati in Kuwait ma era stata istruita e addestrata a recitare quella parte da Lauri Fitz-Pegado, vicepresidente della Hill & Knowlton[51].

Ma non finisce qui; fu organizzata un'altra audizione davanti al consiglio di sicurezza delle Nazioni Unite destinata a finire in tutti i no-

---

48   Sheldon Rampton e John Stauber - Ibidem
49   https://www.youtube.com/watch?v=SJZWhpe2Ibk
50   Sheldon Rampton e John Stauber - Ibidem
51   Ibidem

tiziari dopo essere stata ovviamente filmata. In questo caso il dottor Behbehani, dichiarò di essere un chirurgo e di aver personalmente assistito al massacro di 40 bambini[52]. Anche questa dichiarazione scatenò l'indignazione internazionale e contribuì alla scelta di avviare le ostilità contro l'Irak. Come per l'episodio dell'infermierina che fu utilizzato dal presidente George Bush Senior in un suo discorso di propaganda elettorale nel quale citò per sei volte (tecnica della ripetizione NdA) ventidue bambini "...Gettati a terra come pezzi di legno..."[53], allo stesso modo, sei senatori citarono l'episodio del chirurgo per avvalorare l'intervento armato. Peccato che anche in questo caso, dopo la fine del conflitto, il chirurgo Behbehani ammise di aver mentito e di essere un dentista qualunque che viveva negli Stati Uniti[54].

Ma il capolavoro della Hill & Knowlton che probabilmente ispirò il film di Barry Levinson: "Sesso e potere"[55] con Robert Deniro e Dustin Hoffman, fu la realizzazione del primo filmato dell'invasione Irakena del Kuwait[56]. Un video amatoriale di due minuti attribuito a una coppia di turisti che lo girarono dalla finestra del loro albergo a Kuwait City, mostra l'entrata dei carri armati, i primi combattimenti, lo sbarco delle truppe sulla spiaggia e l'arrivo degli elicotteri; il filmato si conclude con le immagini di alcuni patrioti che scrivono sui muri: "Free Kuwait". Anche in questo caso le immagini furono mostrate nei notiziari di tutto il mondo e nessuno pensò al fatto che Saddam Hussein era riuscito a blindare perfettamente tutti i canali informativi e che nessuna immagine trapelò mai dal Kuwait durante l'intero periodo dell'occupazione. Si scoprì infatti che quel video faceva parte del pacchetto di propaganda commissionato alla Hill & Knowlton e fu girato e interamente realizzato ad Hollywood[57].

Le operazioni di propaganda e di guerra psicologica nella prima guerra del golfo non si sono certo limitate a questi esempi ma sono state molteplici; sono proseguite durante il conflitto e dopo la sua

---

52 La guerra tra informazione e propaganda - F. Roncarolo - 2003
53 Mediawar - Norman Solomon - Nuovi Mondi Media - 2005
54 F. Roncarolo ibidem
55 Wag the dog - 1998
56 https://youtu.be/Oybdr9rzMKM
57 Menzogna e propaganda - Massimo Chiais - Lupetti 2008

fine ma per elencarle tutte sarebbe necessario un testo dedicato. Ma dato che ci interessa capire il modo in cui vengono manipolate le nostre percezioni e la nostra emotività allo scopo di annullare il pensiero critico, scavalcare la razionalità, lasciando spazio alla sola sfera emotiva che si occuperà di formare le nostre convinzioni e opinioni, vediamo un altro piccolo esempio: Il Rendon Group[58] è un'altra potente agenzia di Public Relations (che come abbiamo visto è un eufemismo per definire chi si occupa di propaganda e strategie aggressive o non convenzionali di comunicazione). John W. Rendon, il suo creatore che tra i suoi clienti annovera il Pentagono e la Cia, parlò a un gruppo di allievi dell'aeronautica militare USA il 29 febbraio del 1996 dicendo tra le altre cose:

"...Sono in effetti, un guerriero dell'informazione e un manager della percezione..."

Rendon ricordò agli allievi dell'aeronautica un'immagine potente che certamente ricordavano; quella delle truppe vittoriose che entrano a Kuwait City alla fine della prima guerra del Golfo, quando furono accolti da centinaia di Kuwaitiani che agitavano bandierine americane. Una scena che fece il giro del mondo sugli schermi televisivi di tutti i notiziari; un messaggio chiaro per il pubblico internazionale che mostrava i Marines accolti come eroi e liberatori.
"Vi siete mai chiesti", disse Rendon, "come hanno fatto gli abitanti di Kuwait City, dopo essere stati ostaggi per sette lunghi e difficili mesi, a procurarsi le bandierine americane e quelle degli altri paesi della coalizione? Beh, adesso sapete come. Fu uno dei miei incarichi di allora"[59].
A questo punto è importante comprendere che il concetto democratico di comunicazione è definito come un processo continuativo di dialogo a più voci; questo è ben rappresentato da internet, dove ogni blogger ma anche ogni singolo utente può portare contributi dando vita a questo dialogo; dove si possono controllare le fonti

---

58 https://csreports.aspeninstitute.org/Dialogue-on-Diplomacy-and-Technology/2013/participants/details/76/john-rendon

59 https://web.archive.org/web/19970103193930/www.rendon.com/docs/airforce.html

delle notizie oltre che diventare ognuno fonte stessa. Dove non esiste soltanto la condivisione acritica di contenuti o messaggi operata dai social network, ma c'è la concreta opportunità di dibattito e pluralità di voci, dove la critica assume un significato quando corroborata da contenuti, ragionamenti, fonti verificabili e confronti.

Il modello della propaganda si discosta invece dal concetto democratico di comunicazione perché il propagandista, come abbiamo visto fin qui nelle stesse dichiarazioni dei suoi massimi rappresentanti, vede la comunicazione come una mera serie di tecniche atte a indottrinare il pubblico (Target) a cui sono rivolte:

"...Lo stratega della propaganda promuove i propri interessi o quelli di un'organizzazione, non si preoccupa principalmente del benessere del pubblico..."[60]

Di conseguenza è ovvio che un pubblico che riflette in modo critico e preparato rappresenta un ostacolo da superare. Quindi per tornare ai principi di Bernays che rappresentano bene la volontà di ogni potere (incluso appunto quello democratico), l'idea che la gente sia in grado di autogestirsi razionalmente è pericolosa e va controllata. Per gli Spin Doctors, la razionalità è un ostacolo per un efficiente indottrinamento. Come abbiamo detto all'inizio è necessario agire in modo da aggirare completamente la razionalità manipolando il pensiero a un livello più primitivo. Utilizzando tutte le tecniche efficaci nel suscitare emozioni compreso un largo uso del simbolismo emotivo ma non solo; colori vivaci, suoni, immagini forti e violente, allusioni sessuali, montaggio, inquadratura, messaggi subliminali. L'immagine violenta, ad esempio, non deve essere attraente in sé, ma deve attirare l'attenzione per costringerci a guardare.

La propaganda mira spesso a convincere le persone a fare cose contro il loro stesso interesse e queste sono le tecniche per raggiungere l'obiettivo.

Spesso, quando i media o anche i pubblicitari vengono criticati per i loro metodi, la risposta è un mantra univoco: "Questo è quello che vuole il pubblico". Dato però che una delle emozioni più primitive

---

60 Garth Jowett, Victoria O'Donnell - Propaganda and Persuasion - 1999

della psiche è la paura (la paura che costringe a restare e a guardare), ed è proprio questo uno degli aspetti preminenti dei loro messaggi; se riuscire a trattenere il pubblico equivale a dargli ciò che vuole, dovremmo dedurre che la gente vuole il terrorismo, la guerra, le malattie, le epidemie etc.

Pochi riflettono sul fatto che la paura è la molla che porta le persone a fare e accettare cose che mai accetterebbe o farebbe in una situazione normale in cui sia in grado di pensare razionalmente.

"Perché mai la gente dovrebbe volere la guerra", disse Goering scrollando le spalle. "Perché qualche povero contadino zotico dovrebbe voler rischiare la vita in guerra quando la cosa migliore che può accadergli è tornare tutto intero alla sua fattoria? Certamente la gente comune non vuole la guerra; non la vuole in Russia, né in Inghilterra, né in America e neanche in Germania. Questo è chiaro. Ma dopotutto sono i leader di un paese che determinano la politica ed è sempre solo questione di convincere la gente, che si tratti di una democrazia o di una dittatura fascista, di un Parlamento o di una dittatura comunista". "C'è una differenza", ribatté Gilbert. "In una democrazia la gente può esprimersi attraverso i rappresentanti eletti, e negli Stati Uniti soltanto il Congresso può dichiarare guerra". "Si, proprio una bella cosa", replicò Goering, "Ma che si esprima o no, ci sono sempre modi per convincere la gente o sostenere la volontà del leader. È semplice. Basta dir loro che stanno per essere attaccati e accusare i pacifisti di mancare di patriottismo e di esporre il paese al pericolo. Funziona così in tutti i paesi" (Gustave Gilbert - Diario di Norimberga)[61].

In gergo militare gli esempi che abbiamo visto vengono definiti come: "Psy-Op" (Operazioni Psicologiche), e come disse Arthur Ponsonby: "Quando viene dichiarata una guerra, la prima vittima è la verità"[62] ma il problema, come abbiamo detto all'inizio, è che ci troviamo immersi in uno stato di guerra permanente dove il conflitto è quello scatenato contro i nostri cervelli. Le tecniche di indottri-

---

61 Gustave Gilbert, Nuremberg Diary, citato in: "Vendere la Guerra" - Rampton e Stauber (Nuovi Mondi Media)

62 https://en.wikipedia.org/wiki/Arthur_Ponsonby,_1st_Baron_Ponsonby_of_Shulbrede

namento, manipolazione e inganno, sia che provengano dall'ambiente militare che da quello scientifico, sono utilizzate in modo silenzioso e perpetuo perché necessarie al potere che, in questo modo, può operare con il consenso della maggioranza opportunamente addestrata. La libertà in questo nuovo paradigma rappresenta soltanto uno slogan privato di ogni significato, ma risulta indispensabile che sia creduto dal popolo come un valore acquisito perché ogni persona capace di esercitare un pensiero critico e razionale rappresenta un ostacolo da superare. E se nei regimi totalitari si tentava di abbattere questi ostacoli con la forza e la coercizione, come ci ricorda il pm fascista Ingrò, che nel processo contro Antonio Gramsci nel maggio del 1928 dichiarò: "Bisogna impedire a quel cervello di funzionare per almeno vent'anni"[63], nelle moderne democrazie sono gli uomini come Bernays ad aver escogitato nuovi sistemi invisibili che impediscono ai cervelli di funzionare evitando pericolose rivoluzioni e convincendo le masse della paternità di idee inoculate grazie a metodi sviluppati scientificamente. Per definire certe credenze completamente false ma diffuse a livello popolare si utilizza il termine: "Leggende metropolitane". Ma come definire quelle credenze accettate da tutti, che fanno ormai parte del nostro bagaglio culturale, elevate a verità inossidabili certificate dalla scienza quando in realtà si tratta di illusioni, spesso di vere e proprie menzogne che sono state create per noi da un esercito di Spin Doctors?

---

63 https://it.wikipedia.org/wiki/Antonio_Gramsci#L'arresto_e_il_processo

HILL+KNOWLTON

STRATEGIES

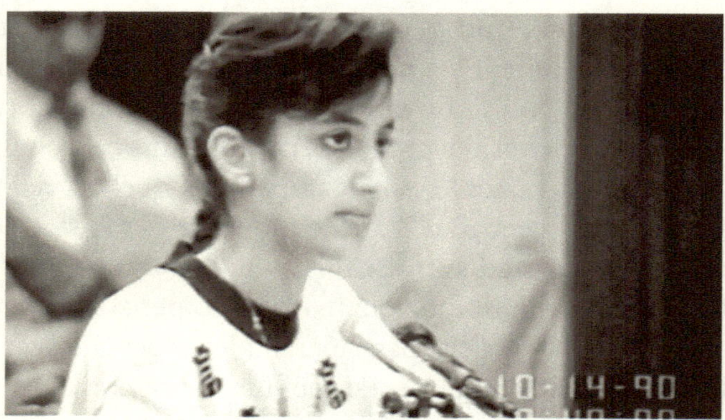

Foto N.10 Il Logo dell'agenzia di PR Hill & Knowlton

Foto N.11 La falsa infermierina Nayirah addestrata dalla potente agenzia di PR

Foto N.12 Il movimento di liberazione del Kuwait creato dalla Hill & Knowlton

6   Manipolazione di massa

Le masse non hanno mai avuto sete di verità.
Chi può fornire loro illusioni diviene facilmente il loro comandante;
chi tenta di distruggere le loro illusioni è sempre la loro vittima.
(Gustav Le Bon)

Ci sono idee che non siamo disposti ad accettare perché ci spostano dalla nostra zona di comfort obbligandoci a prendere atto di una realtà che risulta intollerabile. Ponetevi una semplice domanda: "Accettate con facilità il concetto di non essere padroni delle vostre opinioni?" Quanti, anche davanti all'evidenza, ammetteranno senza riserve di essere manipolati? Le storie narrate fin qui possono certamente stupire nel momento in cui si prende coscienza del livello di manipolazione delle masse; ma tendiamo sempre a vederle come cose accadute ad altri, in contesti differenti, e di conseguenza il passo successivo è quello di allontanarle: "Non è cosa che mi riguarda, io ho le mie idee, nessuno mi suggerisce cosa devo fare, pensare, acquistare". Ci sono molti intellettuali che riconoscono la propaganda operata in varie situazioni storiche, in tempi di guerra, in diversi contesti sociali ma poi non si rendono conto di essere essi stessi manipolati quotidianamente su pensieri e concetti che nemmeno sospettano.

Ho conosciuto molte persone dotate di grande intelligenza e profondità di pensiero, capaci di intuire e svelare gli inganni dei media soltanto fino al punto in cui ciò non entrava in contrasto con la loro ideologia e il loro sistema di credenze; perché nel momento in cui veniva svelata una manipolazione che riguardava direttamente ciò in cui ritenevano di avere un'opinione precisa, diventavano incapaci di prenderne atto sprofondando nel messaggio propagandistico e immergendocisi fino al collo. Se prima sapevano esercitare il loro senso critico nei confronti di eventi distanti dalla loro realtà, nel momento in cui era necessario rivolgere lo stesso acume verso sé stessi, avveniva un corto circuito logico. Si trasformavano in un baleno in esseri improvvisamente incapaci di pensiero critico perché il farlo avrebbe messo in discussione tutte le loro certezze e le loro basi. Ricordate quello che ho scritto all'inizio sul fatto che è facile riconoscere la propaganda quando analizziamo un contesto culturale lontano dal nostro modello ma diventa praticamente impossibile vederla nel sistema in cui siamo immersi quotidianamente?

Socrate che "sapeva di non sapere", metteva in difficoltà i suoi interlocutori che si fregiavano della conoscenza che possedevano, dimostrando loro che esisteva una discrepanza non soltanto visibile, ma anche misurabile tra ciò che effettivamente sapevano e ciò che credevano di sapere. Ecco perché Platone lo definì il "Tafano di Atene"; Socrate rappresentava un elemento destabilizzante perché era in grado di mettere le persone davanti alla verità distruggendo le loro illusioni e questo è esattamente ciò da cui le persone fuggono; con modalità e reazioni diverse, il punto critico si raggiunge quando arriva il momento di mettere in discussione noi stessi e tutto ciò che riteniamo di aver capito e imparato nel corso della nostra vita. Probabilmente è anche per questo motivo che la moderna propaganda viene spesso comparata all'illusionismo; le illusioni piacciono, sono più comode e facili da accettare e spesso cullano e confermano tutti i nostri preconcetti.

Se si analizzano le tecniche di propaganda, scopriamo che le operazioni psicologiche degli Spin Doctors hanno tra i loro obiettivi anche gli intellettuali o comunque tutte quelle persone definite: "Opinion Leader"; quindi medici, scienziati, artisti e professionisti in genere. Persone, insomma, che hanno un seguito e il cui pensiero è autorevole, ha un peso, ed è ascoltato da fan e seguaci. In gergo tecnico si chiama: "Top Leader Propaganda", si mira cioè a influenzare l'opinione del personaggio di spicco e a quel punto, una volta attuata la psy-op, sarà egli stesso in buona fede e in modo del tutto autonomo e convincente a diffondere il messaggio propagandistico presso i suoi accoliti (questo non esclude ovviamente che esistano personaggi di spicco che fanno propaganda consapevolmente). Tutte le operazioni che invece coinvolgono direttamente le masse portano il nome di: "Greengrass Propaganda". Appare quindi abbastanza chiaro che tra operazioni mirate e dosate abilmente tra la massa e gli opinion leader, nonché tra tutti i professionisti ingaggiati consapevolmente per praticare una manipolazione costante e quotidiana, possiamo vedere applicati i teoremi di Edward Berrnays sulla pratica e la necessità di pilotare l'opinione pubblica. Prima di illustravi alcune operazioni psicologiche attuate in passato che si sono trasformate in vere e proprie credenze date per "certezze acquisite" nella società odierna, vorrei tornare per un momento al tema della guerra per osservare un'altra manipolazione emotiva che ha colpito la sensibilità di migliaia di persone che hanno deciso spontaneamente (o così credono) di agire contro le ingiustizie.

Durante il sanguinoso conflitto Bosniaco svoltosi tra il 1992 e il 1995 (La guerra di Bosnia ed Erzegovina) circolò un'immagine che fece il giro del mondo trasformandosi in un simbolo talmente potente da smuovere l'opinione pubblica. Molte persone organizzarono manifestazioni nelle piazze pubbliche chiedendo a gran voce e all'unisono l'intervento della Nazioni Unite e della Nato per fermare gli orrori che si stavano verificando nella regione.

La fotografia di cui stiamo parlando venne pubblicata in tutto il mondo e da tutti i giornali più importanti; ancora oggi è presente sul sito internet del "Time", la prestigiosa rivista che all'epoca (1992) dedicò a questa potente immagine la sua copertina[64].

Il titolo recita: "Deve continuare?", mentre il trafiletto in basso specifica: "prigionieri mussulmani in un campo di concentramento Serbo". L'immagine della rivista che mostra anche un uomo che durante una manifestazione esibisce proprio la copertina del Time è tratta da un articolo dello stesso giornale che nel 2017, quindi 25 anni dopo, rinnova il mito di questa foto raccontando nuovamente la storia di Fikret Alic, l'uomo dal fisico scheletrico ritratto in primo piano[65].

Fikret disse che la fotografia che lo ritraeva aveva avuto conseguenze catastrofiche per i detenuti del campo, recita l'articolo del Time.

"Dopo che te ne sei andata", ha detto all'ex giornalista ITN Penny Marshall in un'intervista del 2011 sul London Times, *"le guardie hanno subito iniziato a picchiare alcuni di quelli con cui hai parlato. Più tardi sono tornati da me, dopo che la foto è stata pubblicata. Volevano uccidermi."*[66]

---

64 https://www.timecoverstore.com/the-balkans-1992-08-17

65 https://time.com/5034826/fikret-alic-time-cover-bosnia/

66 Ibidem

Peccato che anche in questo caso ci troviamo davanti a una colossale "Fake News"; con l'aggravante che la menzogna viene rinnovata a 25 anni di distanza, quando l'inganno era già stato, prima sospettato e poi scoperto negli anni successivi (1993/1996). È importante ricordare che questa immagine fu determinante anche nei processi che vennero istituiti all'Aia per i crimini di guerra e che altre testate come ad esempio il Daily Mirror, riportò l'immagine con il titolo: "Belsen 92"[67]; un chiaro riferimento ai campi di sterminio nazisti perché questo era ciò che la fotografia ispirava e questa era la narrazione che in quel momento doveva essere diffusa. L'inganno fu scoperto dal giornalista freelance Thomas Deichmann che nel ruolo di testimone esperto per il tribunale dei crimini di guerra, ha iniziato a indagare su varie fotografie, tutte pubblicate, che lo avevano insospettito e, che come questa in oggetto, provenivano dal presunto campo di prigionia di Trnopolje.

La celebre foto del Time appartiene in realtà a un singolo fotogramma estrapolato da un filmato realizzato da una troupe inviata sul posto per l'ITN[68] che era diretta dalla giornalista Penny Marshall. Deichmann si rese conto che la fotografia presentava un'anomalia vistosa: il filo spinato risultava rivolto verso l'interno del presunto campo di concentramento e non, come si usa fare, verso l'esterno. L'indagine che seguì e che lo portò a visitare il campo rivelò che in realtà si trattava di un campo per i rifugiati dove essi potevano dormire e ricevere aiuti e alimenti. Nell'audio originale in cui si sentono le conversazioni della Marshall con uno degli uomini che si erano avvicinati al recinto perché incuriositi dall'attività della troupe televisiva, l'uomo dice esplicitamente che si tratta di un campo rifugiati dove possono dormire e sono trattati bene[69]. Il campo in questione non era recintato e gli uomini erano assolutamente liberi di lasciarlo in qualsiasi momento. Il recinto con il filo spinato in realtà era stato messo a protezione di un magazzino adiacente dove venivano stivati i generi alimentari e di prima necessità. Fu quindi la Marshall con la sua troupe ad infilarsi all'interno di un recinto riprendendo con la

---

67 https://bosnianconcerns.wordpress.com/2012/03/29/brents-visual-rhetoric/

68 https://www.itn.co.uk/

69 https://www.youtube.com/watch?v=xtQ-PJLIpcE

telecamera i rifugiati che stavano fuori creando così l'illusione dei prigionieri. La storia con le evidenze trovate da Deichmann fu pubblicata dal magazine LM (Living Marxism) nel febbraio del 1997 ma ora è reperibile completa di foto, e immagini esplicative del campo in questione sul web[70].

Quello che è interessante notare in tutta questa storia è che i media evocarono nell'immaginario popolare l'orrore dei campi di concentramento Nazisti e che questa immagine fu sfruttata anche dai politici, come ad esempio il presidente americano George Bush, che ne parlò esplicitamente[71]; ma né la Marshall né gli altri della troupe hanno mai definito Trnopolje come un campo di concentramento. Hanno anzi criticato il modo in cui altri hanno cercato di usare i loro rapporti e le loro immagini come "prova" di un olocausto in stile nazista in Bosnia. Ma i personaggi occulti che manovrarono dietro le quinte per evocare i campi di concentramento nazisti appartenevano alla Ruder Finn, ennesima agenzia di PR che lavorava di concerto con il Rendon Group e la Hill & Knowlton. La Ruder Finn condusse un'indagine per capire quanto la gente sapesse della storia Balcanica; scoprendo che vigeva un'ignoranza pressoché totale; per esempio, i serbi avevano combattuto contro i nazisti e a fianco degli ebrei durante il secondo conflitto mondiale e di conseguenza sarebbe stato improbabile far passare l'idea dei Serbi uguali ai nazisti. Ma visto che la gran parte delle persone ignorava la storia della Serbia, la Ruder Finn, con totale sfacciataggine riuscì perfettamente nel suo intento. Il presidente di questa agenzia di PR, Jim Harff, si è vantato della loro impresa in interviste pubbliche, sostenendo che la sua agenzia mirava al pubblico dei progressisti, delle femministe e degli ebrei, scommettendo sulla generale ignoranza della storia balcanica, allo scopo di ottenere un intervento euroamericano nei Balcani[72]. Resta il fatto che né la Marshall, né la sua troupe ha mai raccontato l'intera storia di quel recinto di filo spinato. Allora perché il Time a 25 anni di distanza ripropone la menzogna? La risposta è piuttosto disarmante e ci fa capire come i media, quando sono po-

---

70 https://swprs.files.wordpress.com/2019/12/the-picture-that-fooled-the-world_thomas-deichmann_1997.pdf
71 https://www.wsws.org/en/articles/2000/03/livm-m25.html
72 http://www.kelebekler.com/occ/stangoff.htm

tenti e dispongono di denaro possono creare distorsioni tali da utilizzare poi tribunali e sentenze per avvalorarle. Il potente gruppo ITN accusò il magazine LM di diffamazione trascinandolo in tribunale e vincendo la causa[73]. Questo fatto provocò il fallimento della testata che fu costretta a pagare circa 600.000 sterline. Si trattò di un processo farsa che non ammise nemmeno vari testimoni come lo stesso Thomas Deichmann giudicandolo irrilevante ma ammise invece le testimonianze a favore della ITN da parte di dipendenti stessi[74]. Ma la cosa più importante fu che nessuno smentì le prove trovate da Deichmann ma ci si concentrò soltanto sulla presunta diffamazione della troupe di ITN perché accusata di aver consapevolmente organizzato una ripresa farlocca quando, secondo la tesi della difesa, la Marshall e i suoi tecnici avevano agito in buona fede. La vittoria in questo processo ha quindi autorizzato il Time a rilanciare la sua fake news distorcendo nuovamente la realtà perché come abbiamo detto: le prove presentate da Deichmann non sono mai state smentite. Questa distorsione la troviamo anche nella pagina di wikipedia dedicata alla giornalista Penny Marshall dove si cita il processo come "prova" che l'indagine di Deichmann rappresentasse una falsa accusa[75].

Osservando con obiettività tutta la vicenda del processo, appare chiaro che il verdetto fu modellato esclusivamente a causa dell'ostilità politica verso il magazine LM a cui non venne riconosciuto il semplice merito informativo dell'articolo di Deichmann perché si intendeva colpire l'ideologia politica incarnata dalla rivista[76].

Questa storia ci insegna due cose: la prima, come abbiamo già visto anche con altri esempi, dimostra che è possibile manipolare grandi masse di persone al fine di spingerle a intraprendere azioni per legittimare i governi a scatenare conflitti con il consenso della popolazione; la seconda, non meno importante, evidenzia il fatto che nel momento in cui un'operazione psicologica ha avuto il suo effetto sulle masse, è molto difficile cambiare la percezione che si ha dell'evento nonostante le successive smentite o dimostrazioni di fal-

---

73 https://www.wsws.org/en/articles/2000/03/livm-m25.html
74 Ibidem
75 https://en.wikipedia.org/wiki/Penny_Marshall_(journalist)
76 https://www.wsws.org/en/articles/2000/03/livm-m25.html

sità della notizia stessa. In parole povere, conta soltanto arrivare primi; l'impatto emotivo funziona come una specie di "imprinting" nella mente delle persone e successivamente diventa molto difficile rimuoverlo perché si radica come una convinzione di un fatto realmente accaduto. Ovviamente non viene data la stessa risonanza alle prove che emergono riguardo la falsità della notizia; Se la fake news ottiene la prima pagina a caratteri cubitali, la successiva smentita finisce in un trafiletto di poche parole in fondo all'ultima pagina a caratteri minuscoli. Inoltre, psicologicamente è presente anche un rifiuto spontaneo da parte di chi si era già convinto del primo imput, e come abbiamo visto in questo caso, c'è sempre la possibilità che quelle false notizie vengano usate per scopi politici, da chi ha i mezzi per ottenere sentenze di tribunali che non faranno altro che giustificare i mezzi di informazione di massa a reiterare la menzogna più volte. Qui ovviamente siamo oltre la menzogna perché si tratta di vera e propria manipolazione di massa. È importante riflettere sul caso della Marshall perché, se il fatto che le sia stato chiesto dai suoi editori: *"Trova dei campi di concentramento"*, l'ha portata a manipolare la realtà per ottenere ciò di cui aveva bisogno, c'è da chiedersi quanti sono i giornalisti che in modo ben poco professionale, pur non avendo l'intenzione di mentire intenzionalmente (in certi casi), sono influenzati dalla linea editoriale del momento e dalle richieste dei loro capi; preoccupandosi quindi di trovare la notizia che si adatta a quelle linee guida ricevute senza eseguire un controllo sulla veridicità o fondatezza dei fatti perché l'importante è avere lo scoop. Ci sono molti casi di Fake News che vengono diffuse in apparenza senza una regia alle spalle ma semplicemente perché il cronista non fa il suo lavoro e non controlla le fonti; ma la domanda che sorge in questi casi è: "Ma perché il caporedattore di quel cronista, prima di pubblicare la notizia non si è assicurato che fosse verificata da fonti attendibili?" Quando una notizia è in grado di incidere sull'opinione delle persone o sul loro stato emotivo, non si può parlare di buona fede o incompetenza; in questo caso il presunto dilettantismo del cronista torna molto utile alla redazione che sta seguendo un preciso indirizzo editoriale. Un caso emblematico di fake news spacciata per vera riguardo al conflitto bosniaco compare sul giornale "l'indipendente" del 2 aprile 1994[77].

Lo scoop che avrà grande risalto in Italia ma anche all'estero dato che la notizia rimbalzerà su varie testate suscitando una forte emozione tra il pubblico, raccontava la storia dello stupro di una suora bosniaca da parte dei terribili miliziani serbi appartenenti alle famigerate "Aquile Bianche". L'articolo descriveva nei particolari: l'irruzione nel convento di Nova Topola in Bosnia, lo spietato stupro che mise in cinta la ventenne suor Lucj Vetrusc appartenente alle Suore adoratrici del sangue di Cristo, la lettera scritta dalla suora alla superiora dove manifestava la volontà di abbandonare l'ordine per occuparsi del bambino, la nascita dello stesso e il viaggio in Vaticano fatto in segretezza dove il Papa Giovanni Paolo II aveva dedicato parole di conforto e comprensione per la vicenda umana della giovane[78]. Ma nulla di tutto questo era mai accaduto; questa storia, all'epoca aveva iniziato a circolare in forma anonima sotto forma di uno scritto fotocopiato e fu così che arrivò tra le mani del giornalista. La vicenda, del tutto inventata, era opera di Monsignor Alfredo Centran, direttore della rivista: "La difesa del Popolo". Il sacerdote padovano aveva voluto lanciare un messaggio contro la guerra e invitare tutti al perdono e la sua composizione aveva pure ricevuto una menzione speciale al concorso letterario di Arquà Petrarca[79].

Dato che all'epoca, lo scopo era quello di dipingere i serbi come degli autentici mostri, qualsiasi storia che supportava questa narrazione andava bene. Tutto questo ovviamente con l'etica e la professionalità non ha nulla a che vedere ma c'è di peggio.

---

77 Massimo Chiais - Menzogna e propaganda - Lupetti 2008
78 Ibidem
79 Ibidem

Foto N.13 La celebre immagine apparsa sul Time e le manifestazioni che seguirono.

Foto N.14 L'immagine ripresa da altri quotidiani e associata ai campi di concentramento nazisti

55

Passiamo dal conflitto bosniaco a una storia che attraversa un lungo arco di tempo; uno straordinario esempio di illusionismo o ipnosi di massa, perché in grado di creare un mito e una "credenza" inossidabile nonostante vada contro ogni logica e ogni evidenza scientifica ormai acclarata. Mi riferisco alle credenze sull'utilizzo del fluoro che hanno davvero dell'incredibile.

Questa storia ha inizio con un'esperienza personale; parecchi anni fa un pediatra mi allungò due tavolette di fluoro per il "bene" di mio figlio perché, disse, non soltanto erano indispensabili per prevenire la carie (il fatto che non avesse ancora i denti e che avrebbe dovuto cambiare completamente i primi che sarebbero spuntati non intaccò minimamente la sua logica), ma aggiunse che erano vitali anche per le ossa.

Fortunatamente all'epoca avevo già fatto ricerche approfondite sul fluoro stupendomi del fatto che le evidenze in ambito non soltanto scientifico, ma anche legale, fossero così bellamente ignorate e sostituite da una credenza opposta, e cioè che scienza e legge fossero a favore dei benefici del fluoro.
Con la consapevolezza delle informazioni in mio possesso, guardai in faccia il medico con molta attenzione e il suo sguardo rispose a qualsiasi tentazione potesse venirmi di intavolare una discussione. Lo ringraziai, uscii e le pasticche volarono nel primo cestino di rifiuti che mi capitò a tiro. Ero certo della sua buona fede ma lo ero altrettanto della sua ignoranza.

Come sappiamo, il fluoro in diversi paesi è ampiamente utilizzato in vari contesti; oggi si trova nelle acque potabili, in quelle minerali[80], in molti dei dentifrici più comunemente utilizzati, nelle gomme americane e continua, incredibilmente ad essere raccomandato dai pediatri; è tutt'ora considerato un importante aiuto per la salute di ossa e denti e questa autentica leggenda metropolitana persiste nonostante non sia certo un mistero il fatto che fin dalla sua scoperta è stato catalogato come: "rifiuto tossico estremamente pericoloso".

---

80 https://en.wikipedia.org/wiki/Water_fluoridation_in_the_United_States

Il Dott. Giorgio Petrucci, chimico e insegnante di diritto industriale e sicurezza nei laboratori dell'Università di Firenze, ci aiuta a capire di cosa si tratta:

"...Il fluoro è l'ultimo elemento (escludendo i radioattivi e i transuranici) che viene isolato e studiato; la ragione è dovuta alla sua altissima reattività chimica che lo porta a interagire, anche violentemente, con quasi tutti gli altri elementi. È un gas giallo verdastro altamente tossico che non esiste in forma libera. Nonostante la sua abbondanza relativa nei composti della crosta terrestre sia maggiore di elementi come rame o piombo, la difficoltà di ottenerlo allo stato puro rende la sintesi dei suoi composti molto costosa...

...I sali di fluoro sono molto stabili, spesso poco o affatto solubili e presentano un'altissima fitotossicità per molte specie di piante. Essi possono essere assorbiti dal suolo mediante le radici ma la maggior parte degli inquinanti fluorurati di origine industriale vengono assorbiti per via aerea. In questo caso l'introduzione delle sostanze fluorurate avviene attraverso gli stomi (sistema respiratorio sito sulle foglie)...'[81]

Sempre Petrucci ci spiega che il primo composto importante del fluoro dal punto di vista industriale è l'acido fluoridrico; una sostanza molto tossica e aggressiva che attacca pure il vetro e che deve essere trasportato attraverso contenitori o tubature costruite con materiali adeguati. Questo composto assieme al fluoro sta alla base di tutta una serie di processi industriali.

Il fluoro, infatti, viene utilizzato nella lavorazione dell'alluminio (prodotto quindi in enormi quantità durante il periodo bellico), è ampiamente utilizzato anche nell'industria nucleare e uno dei suoi impieghi più importanti è stato quello per la produzione della bomba atomica (arricchimento dell'uranio) nel famoso "Progetto Manhattan". È stato inoltre prodotto anche come gas nervino e insetticida (Sarin - Soman)[82].

---

81 Giorgio Petrucci - I pericoli del fluoro - Macro Edizioni 2004
82 Ibidem

A questo punto la domanda sorge spontanea: "Ma allora? È risaputo che è tossico?" Certo che si; ad esempio, il fluoro sta nell'elenco dei composti da smaltire per proteggere l'ambiente e la salute umana secondo la legge italiana[83].

In uno studio del Consiglio Nazionale delle Ricerche americano viene caldamente consigliata una riconsiderazione immediata relativa al rischio-beneficio della supplementazione di fluoro nella dieta umana[84].

Nella tabella seguente si può vedere la tossicità della sostanza dove, ad esempio, "LD50" sta per: "dose singola considerata letale per il 50% delle cavie (ratto o coniglio) sottoposte a esperimento dopo l'ingestione", "LD Uomo" invece, è la dose letale per l'uomo e via dicendo. La tabella è espressa in milligrammi di sostanza per chilo su peso dell'animale[85].

83   https://www.minambiente.it/sites/default/files/dlgs_03_12_2010_205.pdf
84   https://www.ncbi.nlm.nih.gov/pubmed/21288074
85   Giorgio Petrucci - Ibidem

TABELLA 2 - VALORI DI DOSE LETALE DI ALCUNI COMPOSTI FLUORURATI

Composti	Tipo di prova	Quantità	Fonti
Fluoruri	LD uomo (stimato)	2,5g	Sax
Sodio fluoruro	LD orale uomo (stimato)	75-150 mg/Kg	Sax
Sodio fluoruro	LD_{50} topo	52 mg/Kg	Merck
Sodio fluoruro	LD_{50} uomo	75 mg/Kg	Merck
Difluoruro di bario	LD_{50} orale topo	250 mg/Kg	Merck
Potassio fluoruro	LD_{50} orale topo	245 mg/Kg	Merck
Tetrafluoruro di zirconio	LD_{50} orale topo	98 mg/Kg	Merck
Idrogendifluoruro d'ammonio	LD_{50} orale topo	130 mg/Kg	Merck
Acido fluoroacetico	LD uomo orale	2 mg/Kg	Sax
Acido fluoroacetico	LD topo sottocutaneo	0,28 mg/Kg	Sax
Acido trifluoroacetico	LD_{50} topo	200 mg/Kg	Merck
Fluoroacetato di sodio	LD_{50} topo	0,22 mg7Kg	Sax
Fenilidrazina dell'acido fluoroacetico	LD orale topo	9,1mg/Kg	Sax
Fluoroacetoanilide	LD_{50} topo	10 mg/Kg	
Fluoroisopropil-metilfosfinossido (SARIN)	LD uomo (stimato)	0,01mg/Kg	Sax
Fluorometil-pinacoloxi-fosfinossido (SOMAN)	LD uomo (stimato)	0,01mg/Kg	Sax

Un'altra considerazione importante che fa notare Petrucci riguarda i valori medi utilizzati negli Stati Uniti per cui un lavoratore può essere esposto per otto ore lavorative al giorno senza che ne ricavi un danno permanente. È strano che i valori siano pari a $2,5mg/m^3$, esattamente identici a quelli inglesi e tedeschi che però sono espressi in valori di dose massima da non superare nemmeno per un secondo.

"...Essendo improbabile che i lavoratori statunitensi siano più immuni all'effetto dei fluoruri rispetto a quelli europei, sorge il dubbio che questi parametri siano stati creati ad arte per le esigenze dell'industria americana..."[86]

Ci sarebbe molto, moltissimo da aggiungere, ma per il momento fermiamoci qui, il quadro è abbastanza inequivocabile. Come si fa allora a trasformare una potente sostanza tossica conosciuta fin dall'800 in una medicina miracolosa? Ci vuole la magia dell'illusionista, una faccia tosta da competizione e una riserva di idiozie gigantesche; vere e proprie supercazzole che rispettino l'assioma di Hitler. Insomma, servono molti soldi, tattiche pianificate per manipolare l'opinione pubblica e l'istinto calcolatore di Zio Paperone.
Smaltire il fluoro è tutt'altro che economico, ma ciò che rappresenta un costo e una perdita per l'industria, può facilmente trasformarsi in una risorsa e in un'ulteriore guadagno grazie alla parola: "riciclaggio". Per comprendere meglio dobbiamo fare un balzo indietro nel tempo; dove strane cose iniziano ad accadere.

Nel 1931 il dentista Henry Trendley Dean[87] sta indagando su un fenomeno che colpisce popolazioni isolate degli Stati Uniti le cui fonti idriche mostrano un'alta concentrazione di fluoruro. Per la prima volta Dean può verificare i danni dell'acqua sottoposta a fluorizzazione; il dentista, infatti, rileva tutti i sintomi della fluorosi (intossicazione da fluoro): smalto macchiato, perdita di colore e forte corrosione. Curiosamente però, i dati allarmanti che emergono dalle analisi sulla salute delle persone colpite, vengono tralasciati a favore di una teoria accarezzata da Dean: dato che gli abitanti sembrano

---

86 Giorgio Petrucci - Ibidem
87 https://en.wikipedia.org/wiki/H._Trendley_Dean

non avere carie, è possibile che riducendo la quantità di fluoro nelle acque si possa giovare alla salute dentale.

Il fatto che il dentista fosse alle dipendenze del ministero del tesoro che aveva come segretario Andrew Mellon[88], tra i fondatori e principali azionisti della "Alcoa" (Alluminium Company of America) non fa storcere il naso a nessuno.

Nel 1939 è la volta del biochimico Gerald Judy Cox26[89] che dopo aver somministrato fluoro ai topi, arriva alla conclusione che il fluoro può diminuire la carie, arrivando al punto di suggerire la fluorizzazione delle acque come misura preventiva di sanità pubblica. Il fatto che anche il biochimico stesse lavorando per il "Mellon Institute" (di Andrew Mellon), il laboratorio di ricerca della "Alcoa", ancora una volta non suscitò sospetti e non interessò a nessuno.

Arriviamo così alla Seconda Guerra Mondiale, dove entra in campo l'industria militare e il progetto Manhattan; nelle industrie di fluoruri i vetri sono incrinati dai vapori di fluoro; tra i lavoratori si riscontrano lesioni cutanee, la perdita di tutti i denti e altre patologie. Tutte queste realtà sono raccontate da documenti all'epoca classificati segreti e declassificati di recente. Un completo resoconto con estese fonti bibliografiche può essere rintracciato nel libro di Lorenzo Acerra: "Fluoro, pericolo per i denti, veleno per l'organismo"[90].

Davanti alla prospettiva di vedersi piovere addosso da ogni parte denunce per intossicazione da fluoruro, che avrebbero potuto mettere in pericolo la segretezza del progetto Manhattan, le autorità militari fanno quello che gli riesce meglio: insabbiano tutta la faccenda.

Iniziano così a spuntare medici e ricercatori che asseriscono che il fluoro in piccole dosi fa bene alla salute. In questo articolo[91] leggiamo: "...*Uno degli esempi più eclatanti della manipolazione dei dati è la pubblicazione di uno studio sugli effetti del fluoruro apparsa sul Journal of the*

---

88 https://en.wikipedia.org/wiki/Andrew_Mellon

89 http://www.fluoride-history.de/cox.htm

90 Lorenzo Acerra - Fluoro, pericolo per i denti, veleno per l'organismo - Edizioni Macro 2000

91 https://web.archive.org/web/20180510193523/http:// www.controinformo.eu/controinformo/2018/04/18/tutto-quello-che-non-sai-sul-fluoro/8366

American Dental Association..."[92], datato Agosto 1948; in questo che è considerato uno degli "articoli chiave" nella storia della fluorizzazione dell'acqua, Peter P. Dale e H. B. McCauley, entrambi coinvolti nel "Progetto Manhattan", evidenziano come gli operai che prestano servizio presso le fabbriche in cui viene prodotto fluoruro destinato alla realizzazione di armi nucleari, hanno meno carie rispetto ai loro colleghi che lavorano in fabbriche che nulla hanno a che fare con il fluoruro. Lo studio si basa su dati reali, ma ciò che Peter P. Dale e H. B. McCauley omettono di dire è che, la maggior parte degli operai presi in considerazione, non ha più denti, evento che, di per sé, fra crollare drasticamente la possibilità di avere delle carie.

Inizia quindi una vera e propria campagna pubblicitaria a favore della fluorizzazione delle acque e soltanto molti anni dopo si scoprirà che per dirigere l'opera di manipolazione fu ingaggiato, fin dal 1930, niente meno che, indovinate chi? Si proprio lui, il padre della persuasione: Edward Bernays, che lavorava in quegli anni sotto contratto proprio per l'Alcoa[93].

{Bernays promosse la fluorizzazione dell'acqua, consultando la strategia per l'Istituto Nazionale di Ricerca Dentale. "Vendere il fluoruro era un gioco da ragazzi", spiegò Bernays [*in un'intervista del 1993 Ndr*]. Il mago delle relazioni pubbliche comprese che i cittadini avevano una fiducia spesso inconscia nell'autorità medica. "Puoi praticamente far accettare qualsiasi idea", disse Bernays ridacchiando. "Se i medici sono favorevoli, il pubblico è disposto ad accettarlo, perché un medico è un'autorità per la maggior parte delle persone, indipendentemente da quanto lui sappia o non sappia... Per la legge della media, di solito è possibile trovare un individuo in qualsiasi campo che sarà disposto ad accettare nuove idee, e le nuove idee si infiltreranno poi nelle altre persone che non l'hanno accettata "[94].}

Edward Bernays, l'uomo che ha manipolato milioni di persone nel

---

92   https://journals.sagepub.com/doi/10.1177/00220345510300011501

93   https://www.globalresearch.ca/poison-is-treatment-the-campaign-to-fluoridate-america/31568

94   Christopher Bryson - The fluoride deception - Seven Stories Press - 2004

mondo inventando miti, opinioni comuni e sistemi di credenze che ancora oggi sono radicati nella cultura popolare, sembra spuntare dappertutto e non dobbiamo meravigliarci se i suoi testi e le sue idee rappresentano la Bibbia e le regole auree dei moderni Spin Doctors. Abbiamo visto cos'è davvero il fluoro, diamo un'occhiata ora ad alcuni danni e relativi effetti collaterali legati a questo pericoloso gas:

• Fluorosi ossea
• osteoporosi ed artrite
• Disfunzioni della tiroide
• Danni ai reni
• Effetti negativi sulle funzioni cerebrali
• Cancro

Ma anche in questo caso c'è di peggio:

"...il fluoro è stato collegato all'autismo e studi dimostrano che il fluoro è un fattore in molte condizioni neurologiche come l'iperattività, la demenza, danno cerebrale e QI inferiore a 66. Soprattutto preoccupanti sono più di venti studi sull'uomo provenienti da Cina, Messico, India e Iran che riportano deficit del QI tra i bambini esposti a eccesso di fluoro, secondo quattro studi sugli umani che indicano che il fluoro può entrare e danneggiare il cervello fetale; e da un numero crescente di studi sugli animali che hanno rilevato danni al tessuto cerebrale (a livelli di appena 1ppm) e compromissione dell'apprendimento e della memoria tra i gruppi trattati con fluoro. La capacità del fluoro di danneggiare il cervello rappresenta oggi una delle aree di ricerca più attive sulla tossicità del fluoro ..."[95]

La considerazione inquietante che emerge da questa storia è che nonostante tutta la voluminosa documentazione scientifica in materia comprese le prove sugli studi manipolati, le leggi vigenti, la letteratura medica etc. sia di dominio pubblico, resiste ancora, a distanza di anni, la leggenda metropolitana dell'innocuo fluoro che fa bene ai denti e alle ossa. Integratori anti-carie al fluoro e dentifrici continua-

---

95 https://www.ericdavisdental.com/services/dentistry-for-children/
    Nutrition_Fluoridation_and_Dental_Health.pdf

no ad essere diffusi e consigliati da associazioni di pediatri e dentisti. Questo è forse il segnale più importante del potere della propaganda nel manipolare il cervello della gente trasformando una palese falsità in una verità durevole nel tempo e profondamente radicata nell'opinione comune.

Nel gioco delle grandi manipolazioni possiamo certamente inserire quelle che consideriamo "tradizioni"; siamo davvero certi che tutte le tradizioni che immaginiamo tramandate da generazioni, appartenenti alla cultura di un popolo, ad antiche usanze che trovano la loro origine in tempi nebulosi e lontani siano davvero il frutto di una spontanea saggezza o usanza popolare? Alcune storie potrebbero sorprendervi; prendiamo ad esempio la tradizionale colazione americana a base di uova e pancetta. Per gli americani si tratta di una vera tradizione a stelle e strisce, almeno quanto lo è la torta di mele ma è davvero così? Ovviamente no, Gli americani usavano bere una tazza di caffè accompagnato da un porridge, o da fiocchi d'avena, frutta, o al limite da del pane tostato. Non così diversa in sostanza dal nostro concetto di colazione.

Ripensiamo per un attimo alla storia del fumo che fa bene perché lo hanno detto gli esperti, cioè i dottori. Ripensiamo anche alla storia del fluoro; hanno una cosa in comune, il principio che asserisce: "Fidatevi, gli esperti siamo noi". Un uomo in camice bianco trasmette autorevolezza ma esercita anche autorità e la gente è disposta a credere acriticamente; ricordate le parole di Bernays?

*"...Se i medici sono favorevoli, il pubblico è disposto ad accettarlo, perché un medico è un'autorità per la maggior parte delle persone, **indipendentemente** da quanto lui sappia o non sappia..."*

La tradizionale colazione a base di uova e pancetta è infatti un'altra invenzione del padre della moderna propaganda; Bernays, anche in questo caso, approfitta dell'autorevolezza dei medici e del loro ascendente sulle persone. Ci troviamo sempre negli anni 20 quando Bernays viene contattato dalla Beech-Nut Packing Company[96],

---

96 http://www.fundinguniverse.com/company-histories/beech-nut-nutrition-

un'azienda con vari interessi che spaziano dalla gomma americana, al burro di arachidi, all'alimentazione per bambini ma che, nel 1905, aveva investito sulla pancetta. Fu proprio grazie a Bernays che la società vide una prosperosa crescita di questo mercato arrivando a guadagnare un milione di dollari all'anno; condizione che le permise di aprire molti altri fronti[97].

Bernays aveva il compito di aumentare la domanda dei consumatori di pancetta e di conseguenza, la prima cosa che fece fu di analizzare le motivazioni che spingevano gli americani a consumare colazioni leggere, spesso a base di frutta o avena. Si rese quindi conto di tutta una serie di fattori: una parte di popolazione molto religiosa era convinta che una dieta insipida e vegetariana aiutasse a prevenire pensieri peccaminosi e mantenesse il corpo in salute conciliandolo con il concetto del duro lavoro. Inoltre, gli americani in genere, temevano le indigestioni. Una dieta pesante poteva avere ripercussioni gravi sullo stomaco e influire di conseguenza anche sulle capacità lavorative. La propensione a colazioni leggere, veloci da preparare e spesso a base di frutta era quindi correlata a esigenze lavorative (molti americani lavoravano per l'intera giornata) che andavano però di pari passo con quelle morali.

Vedendo che l'America stava maturando una certa attenzione per la salute, sia per reale praticità ma anche, per certi versi a causa di convinzioni religiose, doveva escogitare un modo per far riprendere alla popolazione un'abitudine che era in voga nell'era preindustriale ma che ora stava abbandonando: il consumo di pancetta[98]. Nelle fattorie era comune e piuttosto facile allevare maiali e questi costituivano una base dell'alimentazione di quel periodo. Ma l'era industriale con le sue conquiste scientifiche aveva, tra le altre cose, innalzato la figura moderna del medico a un ruolo primario e di assoluta fiducia; c'era forse migliore testimonial di un medico per un popolo che si stava occupando con più attenzione della sua salute?

Bernays si rivolse a un dottore che lavorava per la sua agenzia chie-

corporation-history/

97 Ibidem

98 https://flyingcork.com/blog/marketing-that-changed-us/

dendogli se sarebbe stato utile e più salutare per il popolo consumare una colazione più pesante al fine di ripristinare le energie necessarie per affrontare una giornata di duro lavoro dopo la perdita di energia avvenuta durante la notte[99]. Praticamente lo imbeccò; il medico, considerando la sua posizione all'interno dell'agenzia rispose affermativamente e a questo punto Bernays lo invitò a scrivere ai suoi colleghi per confermare che una colazione più pesante sarebbe stata più salutare. Fu in questo modo che furono contattati circa 5000 medici chiedendo loro di confermare l'opinione del primo e che fu lanciato uno studio che confermasse la bontà di una colazione più pesante. Ovviamente non sappiamo quanti dei proventi percepiti da Bernays ed elargiti dalla Beech-Nut, furono dirottati verso questi medici e verso i giornalisti ma il risultato fu che i giornali uscirono a titoli cubitali simili a questo:

"4500 medici sollecitano colazioni più ricche"[100].

Bernays stesso, confermò in seguito che ai giornali venne suggerito di consigliare specificatamente: pancetta e uova per risolvere il problema e migliorare la salute[101].

Questo è un altro esempio di manipolazione di massa che poi si è radicato nell'immaginario collettivo come una tradizione ma che, in realtà, rappresenta l'esatto opposto; l'abbandono di un'abitudine volta a un'esigenza pratica (una colazione più salutare) e la sostituzione con una abitudine indotta (una colazione potenzialmente dannosa) grazie a una campagna di marketing che fonda la sue radici nell'uso e nell'analisi della psicologia delle folle.

C'è un'ultima storia che vi voglio raccontare in questo capitolo che parla di tradizioni create dalla propaganda e spero di non irritarvi troppo se, per la seconda volta nella vostra vita, sarete costretti a subire una delusione su quanto pensate di sapere a proposito di Babbo

---

99 http://www.americantable.org/2012/07/how-bacon-and-eggs-became-the-american-breakfast/

100 Ibidem

101 Ibidem

Natale.

Ricordo ancora la delusione profonda che provai da bambino quando qualcuno mi rivelò che Babbo Natale non esisteva. I sospetti avevano già cominciato a manifestarsi ma la scoperta rappresenta sempre una profonda delusione perché porta con sé la consapevolezza di un qualcosa che non tornerà più. Da adulti ci si convince di avere una mente razionale, si può vantare la conoscenza di molte cose, ma non ci si sofferma mai su quanto in realtà sappiamo veramente. Molte delle nostre nozioni non sono frutto di nostre ricerche, verifiche o esercizi di spirito critico; ci sembrano verità acquisite e basta. Spesso non conosciamo nemmeno il significato delle parole che utilizziamo e di conseguenza può capitare di fare scoperte sorprendenti come ad esempio: siete certi di conoscere la vera storia di Babbo Natale? E se vi dicessi che la sua immagine, così come la conosciamo tutti, appartiene a un'altra invenzione della propaganda? Vediamo di capirci qualcosa.

Ciò che tutti sappiamo sul mito di Babbo Natale è più o meno questo: Il nome, che in lingua inglese diventa: "Santa Claus" è una riduzione di San Nicolaus (San Nicola); un uomo vissuto in tempi antichi e famoso per la sua generosità nei confronti dei bambini e delle bambine. Pare che salvò tre fanciulle che il padre povero voleva far prostituire[102] e, in un'altra occasione salvò addirittura tre bambini dall'essere divorati[103].

Diciamo che il suo atteggiamento generoso e gentile nei confronti dei bambini poteva considerarsi merce rara all'epoca e a parte questo la sua figura è avvolta nel mistero; le poche note biografiche che sono pervenute ci dicono che la sua storia inizia attorno al quarto secolo in Turchia dove quest'uomo di nome Nicola viene fatto vescovo di un villaggio chiamato Myra[104]. In seguito venne canonizzato e diventò in breve uno dei santi più popolari del Cristianesimo. Nonostante non esistano notizie storiche certe, alcuni ritengono che

---

102 https://m.famigliacristiana.it/articolo/san-nicola-da-vescovo-della-carita-a-icona-pop.htm

103 https://www.focus.it/cultura/storia/come-nata-la-leggenda-di-babbo-natale

104 https://www.coca-colacompany.com/au/news/definitive-history-of-santa-claus

sia realmente esistito ma di fatto la sua storia viene arricchita con dettagli scopiazzati dalla vita di altri santi[105].

Alcuni sostengono che le sue spoglie furono trafugate dalla Turchia e portate a Bari dove venne trasformato nel santo patrono della città (ma è il patrono anche di molti paesi tra cui: Russia, Austria, Belgio, Francia e Germania).

C'è da dire però che la sua raffigurazione non assomiglia per nulla al Babbo Natale che tutti conosciamo; viene infatti rappresentato con un cappello a punta da vescovo[106] e con abiti talari[107]. In linea di massima questa è la storia conosciuta dai più ma come vedete siamo ancora lontani dall'aspetto e dalla popolarità che oggi, il mondo intero, conosce e festeggia.

Per capire come si è evoluto il personaggio dobbiamo pensare a quando San Nicola ha attraversato l'oceano per sbarcare in America. Nel 1664 infatti la sua leggenda arriva a New Amsterdam (La moderna New York), e nei 200 anni che seguirono, un gruppo di intellettuali olandesi, per preservare la loro cultura e le loro tradizioni, si riunirono in un gruppo chiamato: "Knickerbockers"[108].

Uno scrittore di nome Washington Irving, pubblicò un libro intitolato The Knickerbocker History of New York, che conteneva versioni satiriche di tradizioni e storie olandesi. Nel libro comparivano molti riferimenti a "Sinter Klaas", un adattamento di "Sint Nikolaas", il nome utilizzato nei Paesi Bassi per festeggiare San Nicola. Queste storie lo mostravano mentre, volando nel cielo a bordo di un carro, lasciava cadere dei doni per i bambini[109]. I coloni inglesi adottarono entusiasti le gioiose celebrazioni olandesi del giorno di San Nicola e iniziarono a ricombinarle con le loro tradizioni per festeggiare il nuovo anno. La pronuncia inglese con l'accento di New York trasformò poi Sinter Klaas in Santa Claus. A questo punto della storia, entra in scena un amico di Washington Irving che darà un

---

105 https://www.focus.it/cultura/storia/come-nata-la-leggenda-di-babbo-natale
106 https://de.wikipedia.org/wiki/
    Datei:NikolausMyra_Befreiung_Verurteilter.jpg
107 https://en.wikipedia.org/wiki/File:Nikola_from_1294.jpg
108 https://www.coca-colacompany.com/au/news/definitive-history-of-santa-
    claus
109 Ibidem

importante contributo all'immagine moderna di Babbo Natale: Clement Clarke Moore che secondo Teresa Chris, autrice del libro: "The Story of Santa Claus", nel 1822 scrisse ai suoi figli una poesia natalizia ispirandosi ai racconti di Irving.

La poesia, originariamente intitolata: "A Visit from St. Nicholas" divenne presto nota come: "The Night Before Christmas". Moore apportò alcune modifiche alla leggenda di Sinter Klaas al fine di renderla più vicina alla cultura inglese e angloamericana; ad esempio gli zoccoli che i bambini olandesi lasciavano vicino al camino, si trasformarono nelle più comuni calze e la slitta trainata da cavalli, mezzo di trasporto molto comune per gli inglesi del tempo, sostituirà i cavalli con le renne al fine di aggiungere un elemento di mistero e suggerire una provenienza lontana legata a zone remote, ghiacciate e poco esplorate[110]. La poesia di Moore venne stampata dal Sentinel di New York il 23 dicembre del 1823, secondo alcuni contro la sua volontà e per merito della moglie; pare infatti che Moore non volesse renderla pubblica. Di fatto, la data di pubblicazione legò questa storia al periodo natalizio e dato che divenne popolarissima, fu per sempre associata alla leggenda di Babbo Natale. A questo punto però, l'immagine di Santa Claus è ancora legata all'iconografia di San Nicola e non assomiglia a quella a cui siamo tutti abituati.

Ci vorrà una guerra e la relativa "Propaganda di guerra" per stabilire la fotografia del personaggio più popolare al mondo.

Nel 1863 il magazine politico Harper's Weekly di New York, assunse Thomas Nast, un giovane di 21 anni che ricevette l'incarico di disegnare una immagine di Babbo Natale che consegnava doni alle truppe al fronte nella guerra civile americana (foto N.18). C'era infatti bisogno di trasmettere un impulso positivo ai soldati stanchi e lontani da casa; bisognava rinvigorire il loro stato d'animo e Nast pensò bene di prendere la descrizione di Santa Claus creata da Clement Moore e fonderla con la famosa immagine di propaganda dello Zio Sam. Ne uscì la raffigurazione di un vecchio allegro e poliedrico che indossava una giacca a stelle, pantaloni a strisce e un ber-

---

110 Ibidem

retto; un'immagine molto vicina a quella odierna[111]. Lo storico James I. Robertson scrisse che il disegno rinvigorì lo spirito di soldati e civili. L'immagine divenne talmente popolare che la rivista chiese a Nast un disegno ogni anno e per ben quarant'anni l'artista rimase fedele a quel concetto abbandonando però progressivamente l'abito a stelle e strisce e colorandolo prima di verde e successivamente di rosso. Fu esattamente nel 1881 che comparve il disegno capace di creare un vero e proprio imprinting che cementificherà l'immagine di Babbo Natale che tutti conosciamo; Nast lo intitolerà: "Merry Old Santa Claus"[112].

Il disegno (foto N 19), che testimonia il ruolo di Nast nella creazione del Babbo Natale che tutti conosciamo, cela molti elementi di propaganda volutamente inseriti dall'autore per contestare l'indecisione del governo nel pagare salari più alti per le forze armate che Nast appoggiava, e che potrebbero sfuggire a un osservatore poco attento; Ryan Hyman, un curatore al Macculloch Hall Historical Museum situato nel New Jersey che contiene molte di queste opere ci aiuta a capire: ad esempio, sulla sua schiena non c'è un sacco pieno di giocattoli, ma il caratteristico zaino militare dei nuovi arruolati; con la mano regge una fibbia e vicino ha una spada, simboli che rappresentano l'esercito. Il cavallo giocattolo è invece un richiamo al cavallo di Troia, e simboleggia il tradimento del governo. Un orologio da tasca mostra che mancano dieci minuti a mezzanotte e indica che al Senato degli Stati Uniti è rimasto poco tempo per dare salari equi agli uomini dell'esercito e della Marina[113].

Oggi, quando festeggiamo il Natale non ci rendiamo conto del ruolo avuto da Thomas Nast nel creare la leggenda che ci viene continuamente ricordata anche nel cinema e nei cartoni animati. E nemmeno pensiamo alla propaganda di guerra come artefice di questa creazione.

---

111 https://www.smithsonianmag.com/history/civil-war-cartoonist-created-modern-image-santa-claus-union-propaganda-180971074/
112 Ibidem
113 https://www.smithsonianmag.com/history/civil-war-cartoonist-created-modern-image-santa-claus-union-propaganda-180971074/

Un'ultima nota che vale la pena ricordare è il ruolo avuto dalla Coca Cola, che nel 1920 si impossessò dell'immagine creata da Nast elaborandola ulteriormente e rendendola, se possibile, ancora più celebre facendola apparire fino agli anni 60 non soltanto nelle pubblicità ma anche in centinaia di riviste prestigiose come, ad esempio, il National Geographic[114]. La costruzione di un mito passò anche per la celebre bevanda.

---

114 https://www.coca-colacompany.com/au/news/definitive-history-of-santa-claus

Foto N.17 Una delle tante raffigurazioni di San Nicola

Foto N.18 Una delle prime raffigurazioni di Santa Claus vestito con i colori della bandiera Americana per la propaganda di guerra

Foto N.19 l'immagine che tutti conosciamo di Babbo Natale che fu creata da Thomas Nast per la propaganda di guerra e che fu poi ripresa e ulteriormente elaborata dalla Coca Cola.

Tutte le storie raccontate fin qui, rappresentano soltanto la punta di un immenso iceberg e prendere coscienza del livello di manipolazione a cui siamo sottoposti può essere scioccante. Quando ci si rende conto che molte nozioni date per scontate, fatti storici che si ritengono appurati, idee o valori che reputiamo acquisiti, sono frutto di un innesto pilotato, c'è da perdere il sonno. Ma come è possibile? Perché funziona così bene su tutti, anche i più intelligenti? In parte lo abbiamo spiegato ma c'è anche da considerare che un aspetto della ricerca scientifica che non subirà mai carenza di fondi riguarda proprio lo studio della nostra natura, dei nostri automatismi, del modo in cui l'animale uomo reagisce e si comporta. Questi studi vengono finanziati in continuazione perché di grande interesse per sviluppare modi sempre più raffinati per manipolare le coscienze; vediamone alcuni nel prossimo capitolo.

*Io considero la scienza del consenso come uno sviluppo estremamente pernicioso
il cui cammino deve essere subito interrotto.
Storicamente la ricerca del consenso è stato il primo rifugio dei mascalzoni;
è un modo di evitare il dibattito pretendendo che la materia in questione sia già stata risolta.
Ogni volta che ascolti gli scienziati consentire su una o l'altra cosa,
controlla il tuo portafoglio, perché stanno per fartela.
(Michael Crichton)*

Vi sarete ormai resi conto che per i professionisti della propaganda, gli Spin Doctors, e per chi si avvale delle loro competenze, noi rappresentiamo il nemico; e il nemico va conquistato, soggiogato, ingannato, confuso e sconfitto. Le metodologie della propaganda di guerra vengono spesso utilizzate nella propaganda sociale e i termini stessi richiamano sempre il linguaggio militare come, ad esempio, quando noi (la massa, il popolo, un gruppo o anche un singolo) diventiamo il **"Target"** (bersaglio) dell'operazione propagandistica; il target diventa poi un **"Obiettivo"** da **"Colpire"** o da raggiungere.

Conosci il tuo nemico, consigliava Sun Tzu ne "L'arte della guerra" e bisogna dire che nel corso degli anni e dopo il pionieristico lavoro di Gustav Le Bon, si è sviluppato un grande interesse verso le scienze sociali che usufruiscono sempre di abbondanti finanziamenti. Appare ovvio che chi conosce gli automatismi e i meccanismi del comportamento umano ha in mano tutte le chiavi per sfruttare le sue debolezze e utilizzare quei meccanismi a suo vantaggio. Alcune ricerche scientifiche condotte in passato sono rimaste nella storia a causa delle terribili e significative implicazioni che comportano i risultati da esse ottenuti; vale la pena ricordare qui le più importanti.

Solomon Asch è stato uno psicologo polacco naturalizzato statunitense, che realizzò una serie di ricerche ed esperimenti sul conformismo sociale e che tenne un celebre esperimento nel 1956 diventato famoso come: "Asch Conformity Experiment"[115]. L'assunto della

---

115 https://psycnet.apa.org/record/2011-16966-001

sperimentazione consisteva nel fatto che l'essere membro di un gruppo è una condizione sufficiente a modificare le proprie azioni e i propri giudizi. Ciò che colpisce maggiormente di questa prova è il fatto che anche una banale opinione che non ha alcuna conseguenza negativa o positiva per il soggetto che l'ha espressa, viene comunque influenzata dalla maggioranza e dal gruppo a cui il soggetto appartiene portandolo a modificarla se in forte contrasto con quella di tutti gli altri. Il protocollo sperimentale prevedeva che 8 soggetti di cui 7 complici dello sperimentatore e uno soltanto ignaro e oggetto dell'esperimento, dovevano valutare alcune schede che mostravano tre linee rette di dimensioni diverse confrontandole con un'altra scheda dov'era presente una singola linea retta[116].

A questo punto lo sperimentatore chiedeva quale linea sulla seconda scheda corrispondesse alla linea presente sulla prima scheda. Le persone erano sedute lateralmente in fila e il soggetto cavia doveva rispondere per ultimo o, a volte, come penultimo. Inizialmente, i vari soggetti che collaboravano segretamente con lo sperimentatore rispondevano in modo corretto individuando sempre le due linee corrispondenti, ma dopo un po' iniziavano all'unisono a rispondere in modo errato indicando la linea più corta o quella più lunga. Il vero soggetto dell'esperimento, trovandosi a rispondere per ultimo, iniziava nella maggioranza dei casi a rispondere anche lui in modo errato adeguandosi alla risposta data dagli altri. È importante capire questo concetto perché il soggetto sperimentale, nonostante si trovasse davanti agli occhi un dato oggettivo inequivocabilmente contrario a ciò che dicevano gli altri, decideva di assumere la posizione della maggioranza pur sapendo che era errata. L'esperimento rivelò che il 75% dei soggetti testati si adeguò almeno una volta alla pressione del gruppo e di questi, il 5% si adeguò ad ogni singola ripetizione dell'esperimento senza mai agire diversamente. Soltanto il 25% dei soggetti rifiutò di conformarsi alla maggioranza[117]. Alla fine dei vari test, Asch chiedeva ai soggetti di fornirgli una motivazione per la decisione di conformarsi al gruppo e nella maggior parte delle risposte emergeva il desiderio di non essere giudicati dal gruppo o dallo sperimentatore. La questione del giudizio è molto interessante;

---

116 https://it.wikipedia.org/wiki/File:Asch_experiment.svg
117 https://it.wikipedia.org/wiki/Esperimento_di_Asch

mi è capitato di chiedere a parecchie persone che conosco perché avessero acquistato il telefonino della marca più gettonata e costosa, oppure il capo di abbigliamento del marchio più di tendenza conformandosi così alla massa, e la risposta mi ha sorpreso perché tutti sembravano avere una specie di modulo precompilato. Utilizzando le stesse identiche frasi e le medesime parole; una specie di copia/incolla che recitava più o meno così: "Non ho acquistato questa cosa perché ce l'hanno tutti; a me piace veramente, io prendo quello che mi piace." Curioso era anche il tono di scusa e la necessità di trovare una giustificazione con questo tipo di risposte (potevo percepire la paura del giudizio). Non mi è mai capitato di ricevere un'ammissione diretta del tipo: "L'ho preso perché è quello più di moda o perché ce l'hanno tutti", nel momento stesso in cui inserivo nella mia domanda il concetto di conformismo scattavano questi meccanismi di difesa e partiva quella che poteva benissimo essere la voce registrata di una segreteria telefonica; una risposta standard. Quindi ecco che ognuno può sentirsi speciale o diverso dagli altri nel senso di affermare la sua unicità utilizzando cose possedute dalla maggioranza che provocano le medesime sensazioni in chiunque senza che mai ad alcuno venga il sospetto di essersi in realtà conformato a un modello. Tutto questo mi ha ricordato il double think o bipensiero di orwelliana memoria ma ne vedremo alcuni esempi più avanti.

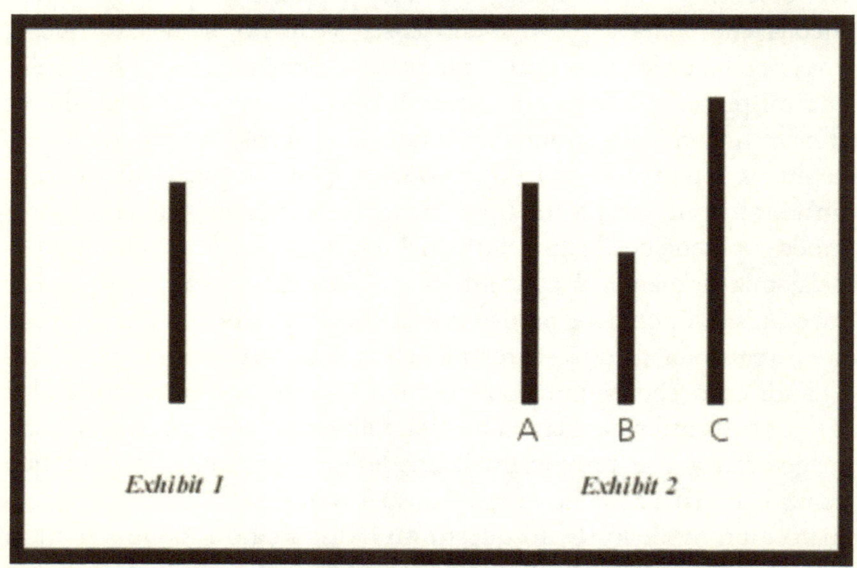

Foto N.19 Lo schema dell'esperimento di Asch

Foto N.20 Immagine tratta dall'esperimento sul conformismo

Un secondo esperimento, dalle implicazioni molto più spaventose fu realizzato da un allievo di Solomon Asch: lo psicologo newyorkese Stanley Milgram[118]. Il ricercatore di origini ebraiche era rimasto molto colpito dai processi contro i criminali di guerra nazisti; seguendo il procedimento contro Adolf Eichmann a Gerusalemme, Milgram non riusciva a capire perché il personaggio sembrasse genuinamente sorpreso di essere sotto processo come criminale di guerra. Continuava a ripetere: "Io ho soltanto eseguito gli ordini". Questa fu una caratteristica molto comune anche nei processi di Norimberga; Rudolf Höss il comandante del tristemente famoso campo di Auschwitz, nella sua autobiografia scritta in carcere[119] mentre attendeva la sentenza, ripetè più volte che aveva sempre trattato gli ebrei con umanità e che si era limitato ad eseguire gli ordini. Höss era un uomo mediocre come lo definisce Primo Levi nella prefazione italiana del libro; durante la vita da civile era un modesto impiegato di un'azienda agricola e in gioventù fu volontario per la Croce Rossa. In circostanze normali avrebbe probabilmente condotto un'esistenza invisibile senza fare del male a nessuno. Milgram si domandò se fosse possibile che un uomo potesse commettere delle azioni apertamente in conflitto con i suoi valori etici e morali se ad ordinarglielo fosse stata un'autorità. Quando illustrò il suo esperimento ad alcuni colleghi di Yale, chiese loro di fare una previsione sui risultati; tutti erano convinti che l'esperimento non avrebbe provato nulla e che soltanto l'1% dei soggetti sarebbe arrivato fino in fondo facendo così fallire l'ipotesi di Milgram secondo cui le persone sarebbero state disposte a fare del male ai loro simili se a chiederglielo fosse stata un'autorità. In altre parole, la domanda a cui Milgram voleva rispondere era la seguente: è sufficiente che un'autorità esterna ci ordini di fare qualcosa, per renderci capaci di atti disumani? "È sufficiente cioè, sentirsi privati da una responsabilità diretta perché c'è la presenza di un'altra persona al comando a trasformarci in dei mostri?" (ma possiamo aggiungere anche in burattini o zombie?). Lo scetticismo dei colleghi derivava dalle modalità dell'esperimento che, prevedendo atti contrari all'etica e alla morale, atti in cui bisognava infliggere dolore a persone inermi, avreb-

118 https://en.wikipedia.org/wiki/Stanley_Milgram
119 Rudolf Höss - Comandante ad Auschwitz - Einaudi 1958

be, secondo loro, innescato un rifiuto nei soggetti testati.

Milgram lo concepì così: realizzò un finto generatore di corrente con 30 possibili voltaggi che andavano da un minimo di 15 volts fino a un massimo di 450 volts[120]; i voltaggi più alti erano indicati sulla macchina come: "Pericolosi".
L'esperimento avrebbe coinvolto tre persone: Il ricercatore che rappresenta l'autorità (un biologo complice di Milgram), la vittima che rappresenta l'allievo (un contabile complice di Milgran e addestrato appositamente) e il vero soggetto dell'esperimento che rappresenta l'insegnante. Con un articolo sul giornale vennero reclutati i soggetti per l'esperimento, a queste persone fu detto che si trattava di uno studio sulla memoria e sull'apprendimento e che sarebbero stati pagati per la loro disponibilità. Una volta reclutati, i soggetti vennero fatti entrare in coppia (uno dei due è sempre la vittima/complice) partecipando a un sorteggio truccato per stabilire chi ricoprirà il ruolo dell'insegnante e chi quello dell'allievo (ovviamente la scelta dell'allievo cadrà sempre sul complice). Questo procedimento è importante perché il soggetto (insegnante) è convinto che l'allievo (vittima) sia uno come lui a cui è toccata la parte per puro caso. Una volta stabiliti i ruoli, la vittima viene fatta accomodare in una stanza separata; l'uomo viene collegato a degli elettrodi per ricevere la scossa e immobilizzato per impedirgli movimenti improvvisi. L'insegnante assiste alla preparazione e successivamente viene fatto accomodare davanti alla macchina per l'elettroshock, che si trova in un altro locale (i due comunicheranno con microfono e altoparlanti), gli viene collegato un elettrodo a un braccio e gli si fa provare una scossa da 45 volt corrispondente al quarto pulsante sulla macchina. In questo modo l'insegnante ha una percezione reale del dolore che proverà l'allievo ai primi livelli del test. Pur trattandosi di una scossa di lieve entità, il soggetto ha sempre un sobbalzo e un'espressione eloquente potendo percepire direttamente il dolore che infliggerà all'altro soggetto. Nel frattempo, la vittima/complice, si è già liberato rimuovendo i finti elettrodi e preparandosi a recitare la sua parte. L'esperimento prevede quindi che l'insegnante legga delle domande

---

120 https://thepsychologist.bps.org.uk/volume-23/edition-9/looking-back-making-infamous-experiment

all'allievo somministrando, ad ogni risposta errata, una scossa via via
più potente. In ogni caso, prima di iniziare, l'insegnante viene rassi-
curato dallo scienziato (l'autorità) che afferma:

*"Anche se le scosse possono essere estremamente dolorose, non causeranno danni
permanenti".*

Nel luglio del 1961 Stanley Milgram inizia i suoi esperimenti, lo
schema è sempre lo stesso; l'allievo risponde correttamente alle prime domande e poi inizia sistematicamente a dare risposte errate
predisponendosi così a ricevere scosse elettriche via via più dolorose. I risultati che ottiene Milgram sconfessano lo scetticismo dei colleghi; il 65% dei soggetti testati è arrivato a somministrare la scossa
di entità massima, contrassegnata sulla macchina come molto peri-
colosa/letale, sotto alle pressioni della figura autorevole e nonostante le urla di dolore e le preghiere di interrompere la tortura che provenivano dall'altoparlante e dall'attore chiuso nell'altra stanza, tutti
arrivarono a somministrare i 300 volt, considerati "Molto Dolorosi"
e anche se l'intero gruppo di soggetti testati manifestò segni di ner-
vosismo come ad esempio: sudore, tremori, morsi alle labbra, un-
ghie piantate nella loro pelle, e molti si fermavano più volte mettendo in dubbio l'etica dell'esperimento, davanti alle richieste dell'autorità continuavano tutti. Nel caso di proteste, l'attore che impersona-
va lo scienziato doveva dare questo tipo di risposte:

1.   "Continui, prego"
2.   "L'esperimento richiede che lei continui"
3.   "È assolutamente necessario che lei continui"
4.   "Non ha scelta, deve andare avanti"

Se il volontario avesse chiesto di nuovo di smettere dopo la quarta
indicazione, l'esperimento sarebbe stato interrotto. L'esperimento
era considerato concluso anche dopo che l'insegnante dava la scarica di voltaggio massimo per tre volte in sequenza[121].
Furono una netta minoranza i soggetti che si opposero all'esperi-

---

121 https://auralcrave.com/2018/10/24/lesperimento-di-milgram-la-
    spiegazione-scientifica-del-male/

mento rifiutandosi di continuare e inveendo contro lo scienziato che tentava di spingerli a farlo. Milgram, nella pubblicazione: "I pericoli dell'obbedienza" scrive:

"Gli aspetti legali e filosofici dell'obbedienza sono di enorme importanza, ma dicono molto poco su come la maggior parte delle persone si comporta in situazioni concrete. Le persone comuni, semplicemente svolgendo il loro lavoro e senza alcuna particolare ostilità da parte loro, possono diventare agenti in un terribile processo distruttivo. Inoltre, anche quando gli effetti distruttivi del loro ruolo diventano palesemente chiari, anche quando viene loro chiesto di compiere azioni incompatibili con gli standard fondamentali di moralità, solo un numero di persone relativamente basso hanno le risorse necessarie per resistere al senso di autorità che li spinge verso condotte immorali."[122]

In uno dei test di cui esiste anche una testimonianza in video[123] si vede un volontario che arriva a somministrare le scariche più potenti nonostante le forti remore morali; il volontario inizia a sentire (già alla scarica di 60 volt) le urla dello studente che implora di lasciarlo andare e ricorda che non possono costringerlo a restare. Il volontario protesta a ogni urlo, ribadisce che non intende continuare fino alla scossa più potente. "Non mi costringerete mica ad ucciderlo", dice, e quando chiede chi si prende la responsabilità, lo sperimentatore ovviamente rassicura: "Ho io la piena responsabilità di quanto succede qui dentro". Il volontario continua quindi a somministrare le scosse, fino a quelle più pericolose. Dopo che il voltaggio raggiunge un livello critico, le urla nell'altra camera smettono, e lo studente smette di rispondere, come se fosse svenuto (o morto). Ma il volontario continua a mandare scosse letali[124]. Alla fine è lo sperimentatore a interrompere il test e nelle domande che vengono successivamente poste al soggetto si crea un dialogo surreale:

122 http://www.physics.utah.edu/~detar/phys4910/readings/ethics/
    PerilsofObedience.html
123 https://youtu.be/mOUEC5YXV8U
124 https://auralcrave.com/2018/10/24/lesperimento-di-milgram-la-
    spiegazione-scientifica-del-male/

Sperimentatore:
"Come si sente?"

Insegnante:
"Io mi sento bene, ma non mi piace l'idea di quel che sta succedendo nell'altra stanza. Lei ha continuato ad insistere e nessuno ha controllato come sta lo studente. Potrebbe anche essere morto. La cosa non mi fa stare bene."

Sperimentatore:
"Chi stava premendo il bottone che inviava le scosse?"

Insegnante:
"Io, ma era lei a insistere che lo facessi. Io volevo fermarmi già a 190 volt."

Sperimentatore:
"Perché non si è fermato?"

Insegnante:
"È lei che non me lo ha permesso, io volevo fermarmi!"

Nel commento finale, Milgram spiega: "I risultati sono disturbanti, ed escludono che ci si possa fidare solo della natura umana per evitare l'installarsi di comportamenti brutali e inumani. Finché continuano a pensare che gli ordini provengano da un'autorità legittima, i soggetti non si fermano. E se la cosa arriva a tali risultati nei casi in cui l'autorità è rappresentata da un uomo singolo di 50 anni, immaginiamoci l'effetto che può avere l'autorità di un vero governo nazionale."[125]

Ed è proprio per le spaventose e inquietanti implicazioni dei risultati ottenuti da Milgram che negli anni successivi alcuni hanno tentato di screditare il suo esperimento senza però riuscirci come ad esempio Gina Perry che nel 2012 ha messo in discussione le modalità di

---

125 Ibidem

esecuzione dell'esperimento[126]; ma Nestar Russel della Victoria University di Wellington riconferma la bontà del metodo sperimentale di Milgram in una sua analisi[127]. Inoltre, l'esperimento stesso è stato ripetuto più volte da altri ricercatori confermando i risultati ottenuti da Milgram o addirittura superandoli. Nel 2009 il regista francese Christophe Nick ha replicato l'esperimento di Milgram in un reality show dal titolo Zone Xtreme. Agli 80 concorrenti di un gioco a quiz si chiedeva di infliggere ai loro colleghi scariche elettriche fino a 480 volt (ovviamente simulate, all'insaputa di chi le infliggeva), in caso di errore nelle risposte date alle domande del quiz. In questa versione dell'esperimento i risultati sono stati ancora più spaventosi raggiungendo un tasso di obbedienza all'autorità dell'81%.[128]

Nel 2011, è la volta di un programma trasmesso da Discovery Channel: How Evil Are You? (Quanto sei cattivo?), in cui il regista statunitense Eli Roth ha replicato l'esperimento di Milgram ottenendo sostanzialmente gli stessi risultati precedenti[129].
Nel 2012, Haslam e Reicher riprendono lo studio di Milgram assimilandolo al famoso esperimento di Stanford e confermando la necessità di indagare come l'autorità giustifichi l'oppressione di altri individui o cosa spinga i soggetti ad attribuire un determinato ruolo all'autorità. Gli studiosi affermano che la tirannia non si impone per **l'ignoranza o l'incapacità** delle persone, bensì per un'attiva **identificazione** con una fonte che riesce a spacciare azioni crudeli per gesti virtuosi[130]. Infine, nel 2015, l'esperimento è stato nuovamente replicato in una versione più moderna dagli psicologi sociali della SWPS University of Social Sciences and Humanities in Polonia. Lo studio è stato poi pubblicato sulla rivista Social Psychological and Personality Science e i suoi risultati hanno nuovamente confermato la ricerca di Milgram[131]. C'è da sottolineare che né Milgram né gli

---

126 https://it.wikipedia.org/wiki/Esperimento_di_Milgram
127 https://thepsychologist.bps.org.uk/volume-23/edition-9/looking-back-making-infamous-experiment
128 https://fr.wikipedia.org/wiki/Le_Jeu_de_la_mort_(documentaire)
129 https://ahp.apps01.yorku.ca/2011/10/milgram-once-more-how-evil-are-you/
130 https://www.stateofmind.it/2016/04/esperimento-obbedienza-milgram/
131 https://www.sciencedaily.com/releases/2017/03/170314081558.htm

studiosi che hanno replicato l'esperimento hanno saputo trovare una motivazione; non si è capito cioè, per quale motivo le persone si sono identificate con un'autorità che riesce a spacciare azioni antietiche per gesti necessari e fondamentalmente etici. È stato chiarito che non è un problema di ignoranza delle persone e nemmeno di incapacità; le motivazioni **rimangono un mistero**.

Mi permetto di suggerire una possibile chiave di lettura: credo che questi ricercatori abbiano sottovalutato e quindi evitato di prendere in considerazione il fattore "Propaganda". Da quanto abbiamo visto fino a questo punto nelle dichiarazioni e nelle azioni dei pionieri di questa scienza, e da quanto vedremo nelle prossime pagine, è chiaro che viviamo da quasi un secolo immersi in una propaganda costante che ci accompagna fin dalla nascita; che viene veicolata attraverso i media, il cinema, e tutti i mezzi di comunicazione di massa. Cresciamo con delle programmazioni mentali di cui per la stragrande maggioranza non siamo nemmeno consapevoli quindi credo sia naturale chiedersi quanto queste sovrastrutture invisibili che si formano nel corso della nostra vita influiscano poi nel nostro comportamento e nelle nostre decisioni. Abbiamo visto che è possibile orientare opinioni, pensieri, emozioni e gusti delle masse e sappiamo che l'addestramento all'obbedienza dell'autorità inizia fin da piccoli a scuola.

Tutti in fila, seguire la linea, stare seduti e fermi per ore dietro a un banco, alzarsi in piedi, salutare, etc. Quanta parte di questi indottrinamenti diretti o subdoli che sono per forza di cosa impossibili da quantificare e misurare, può aver influito nei soggetti testati in questi esperimenti? Si tratta di ordini a cui siamo abituati fin da piccoli che possiamo identificare con i nostri genitori nel momento in cui ci impartiscono un'educazione e mettono dei paletti da seguire; sistema educativo che poi deleghiamo alla scuola. E' probabilmente per questo che si parla di "Stato Mamma" quando si analizzano i comportamenti di sudditanza riscontrabili nei cittadini. Lo aveva capito anche Mussolini che utilizzava immagini simboliche come il frustino per suscitare un'identificazione con la figura materna che educa, è severa ma giusta.

Un'ultima curiosità riguarda "Experimenter" un film molto interessante e ben realizzato, diretto dal regista Michael Almereyda nel 2015 che racconta la storia di Stanley Milgram e del suo celebre esperimento. Purtroppo (e curiosamente), nonostante il film sia uscito anche in Italia come testimonia il sito IMDB[132], è praticamente introvabile nella nostra lingua.

---

132 https://www.imdb.com/title/tt3726704/?

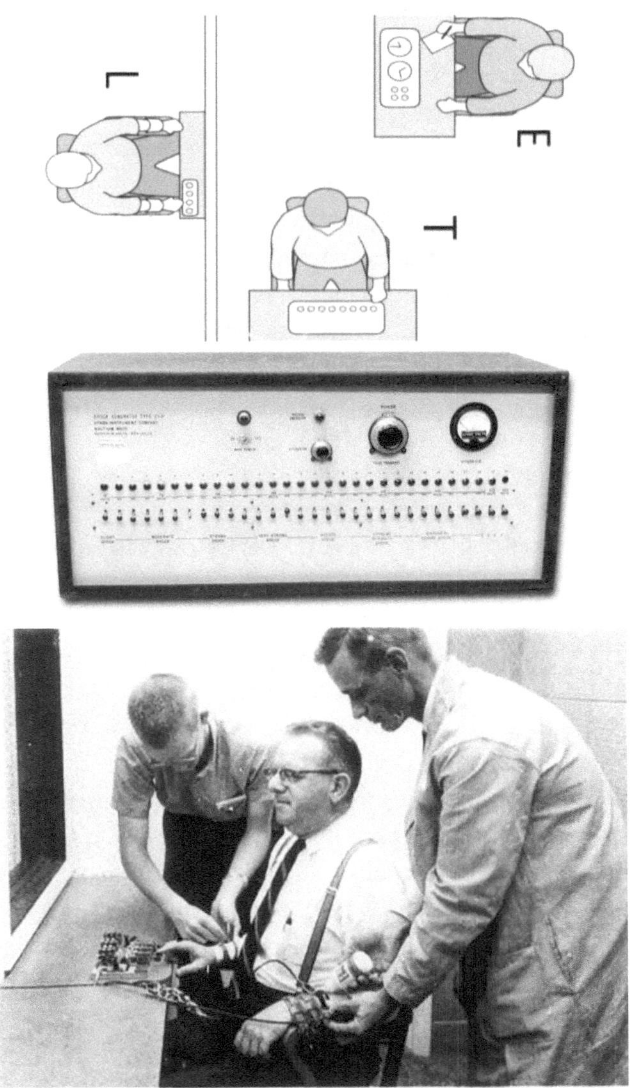

Foto **N.21** Schema dell'esperimento Milgram

Foto **N.22** La Macchina per le scosse elettriche

Foto **N.23** L'esperimento Milgram

Un altro esperimento di psicologia sociale dagli esiti devastanti e che è stato ripreso in alcuni film di successo è conosciuto come: "L'esperimento di Stanford" o "Esperimento Zimbardo".

Philip George Zimbardo è uno psicologo e professore emerito dell'università di Stanford[133] che partendo dallo studio di Stanley Milgram e dalle teorie di Gustav Le Bon secondo cui un gruppo di persone, anche ridotto a pochi elementi, può costituire una folla che tenderà a perdere l'identità personale, la consapevolezza e il senso di responsabilità (deindividuazione), realizzò il suo esperimento nel 1971 all'interno dell'ambiente universitario e dirigendo un gruppo di ricerca in quello che successivamente diverrà noto come: "Effetto lucifero"[134].

Zimbardo, allo stesso modo di Milgram, si chiedeva se la brutalità che si poteva registrare in certi ambienti e in certe situazioni fosse frutto di una predisposizione sadica e violenta delle persone coinvolte o se piuttosto si trattasse di una caratteristica legata alla "situazione", come teorizzava anche Le Bon. Nel 1969 compì un primo esperimento dimostrando che un atto di vandalismo non era una prerogativa di ambienti degradati come ad esempio il Bronx; ma, se impunito, poteva verificarsi anche nella civile e signorile Palo Alto. Con l'esperimento delle "finestre rotte"[135] Zimbardo abbandonò due automobili; una nel Bronx e una a Palo Alto. Nel primo caso, l'auto del Bronx venne pesantemente danneggiata nell'arco di poche ore e ne furono asportate varie parti; dalle ruote a pezzi del motore. Per una settimana invece, alla macchina abbandonata a Palo Alto non capitò nulla. A questo punto Zimbardo decise di rompere un vetro dell'auto in presenza di alcuni passanti; in breve si scatenarono le stesse dinamiche di vandalismo osservate nel Bronx e il mezzo subì la medesima sorte[136].

Due anni dopo, nel 1971, Philip Zimbardo realizzò il famoso esperimento carcerario di Stanford; vennero reclutati alcuni studenti con

---

133 https://en.wikipedia.org/wiki/Philip_Zimbardo

134 https://www.demenzemedicinagenerale.net/images/mens-sana/
    ZimbardoExperiment.pdf

135 https://it.wikipedia.org/wiki/Teoria_delle_finestre_rotte

136 https://www.demenzemedicinagenerale.net/images/mens-sana/
    MakingSenseSenslessVandalism.pdf

un'inserzione in un quotidiano in cui si chiedeva di collaborare a uno studio sui comportamenti carcerari. Risposero 75 studenti universitari che furono sottoposti a visite e test per eliminare tutti i soggetti che manifestassero tendenze alla violenza, abuso di droghe, problemi psicologici etc. Da questo gruppo vennero quindi selezionati 24 studenti di sesso maschile appartenenti al ceto medio che dimostrarono di non avere tendenze violente o sadiche e di essere persone equilibrate. Seguì una seconda selezione casuale che assegnò ad alcuni il ruolo di carcerati e ad altri quello delle guardie che si sarebbero divise in gruppi di tre per fare dei turni di 8 ore. L'ambiente carcerario fu ricostruito nel seminterrato dell'istituto di psicologia di Stanford; da una ricostruzione di Francesca Fiore leggiamo:

"...I prigionieri erano stati trattati come dei reali criminali, poiché furono arrestati nelle loro case, senza preavviso e portati alla stazione di polizia locale, dove furono prese le impronte digitali, fotografati e inseriti in un fascicolo. Successivamente, sono stati bendati e condotti al dipartimento di psicologia dell'Università di Standford, dove nel seminterrato vi era la finta prigione avente porte e finestre sbarrate, muri spogli, celle piccole e molto strette che avrebbe ospitato tre prigionieri. Vi era inoltre uno sgabuzzino di sessanta centimetri per sessanta, che sarà definito "la buca", ovvero la cella di isolamento. Nell'ambiente non c'erano finestre né orologi. Dopo l'ingresso nella prigione di Stanford, ogni detenuto venne perquisito, denudato e spruzzato dalle guardie con uno spray, mimando le normali pratiche carcerarie.
I prigionieri furono obbligati a indossare ampie divise sulle quali era applicato un numero, sia davanti sia dietro, di riconoscimento (L'uso dei numeri di identificazione era un modo per far sentire i prigionieri anonimi), in testa un copricapo ricavato da una calza di nylon e alla caviglia destra gli venne messa una pesante catena ad anelli di metallo chiusa con due lucchetti. Inoltre, dovevano attenersi a una rigida serie di regole e potevano essere chiamati solo attraverso il numero di identificazione.
Le guardie, invece, indossavano uniformi, portavano un fischietto al collo, un distintivo preso in prestito dalla polizia, occhiali da sole a

specchio che impedivano ai prigionieri di guardare loro negli occhi, erano dotate di manganello e manette. Inoltre, fu loro concessa ampia libertà circa i metodi da adottare per mantenere l'ordine e far rispettare le regole, ma senza usare violenza fisica.

Il vestire panni diversi dai loro poneva entrambi i gruppi in una condizione di deindividuazione: si spogliavano dalle loro cose per diventare persone diverse da quelle che erano nel quotidiano.

Le regole scritte della prigione vennero preparate dalle guardie, previa supervisione degli psicologi sperimentatori. Queste regole vennero lette due volte all'inizio della detenzione a tutti i detenuti schierati nel corridoio. In generale, i prigionieri dovevano: tenere pulite e ordinate le celle, chiamare le guardie esclusivamente "signora guardia carceraria" e chiamarsi l'un l'altro solo con il numero di matricola, non devono mai riferirsi alla loro condizione come a un esperimento, sarebbero rimasti in prigione fino al rilascio e il mancato rispetto di una qualsiasi delle norme precedenti può determinare una punizione."[137]

Zimbardo assunse anche il ruolo di direttore carcerario per monitorare il comportamento di tutti i soggetti; per lo svolgimento dell'esperimento era stata prevista una durata di due settimane e tutti i volontari sarebbero stati pagati 15 dollari al giorno ma quello che accadde fu talmente inaspettato e devastante che il ricercatore fu costretto a interromperlo al sesto giorno.

Nonostante la violenza fosse vietata, alcune guardie iniziarono molto presto a mostrare tendenze crudeli nei confronti dei prigionieri che venivano umiliati e costretti a svolgere compiti inutili. I detenuti si calarono altrettanto velocemente nella parte iniziando ad assumere i comportamenti tipici della realtà carceraria; alcuni si mostravano passivi, altri si schieravano con le guardie, altri ancora mostravano insofferenza. Ad un certo punto ci fu un tentativo di ribellione e un gruppo di detenuti si strappò i numeri di dosso ma questo scatenò la violenza nelle guardie che divennero sempre più aggressive iniziando a torturare i prigionieri privandoli del sonno, incatenandoli, incappucciandoli, costringendoli a espletare i loro bisogni in un sec-

---

137 https://milano-sfu.it/esperimento-stanford-psicologia-ruolo-sociale/

chio senza la possibilità di pulirlo o venendo obbligati a pulirlo con le mani. La situazione iniziò a degenerare con una velocità sorprendente e soltanto 36 ore dopo l'inizio dell'esperimento, venne rilasciato uno studente (il detenuto 8612) che aveva iniziato a manifestare gravi disturbi depressivi con pensiero disorganizzato e pianto irrefrenabile. Il secondo giorno vennero rilasciati altri 5 studenti con turbe emotive ed eruzioni cutanee di natura psicosomatica. Lo stesso Zimbardo, in seguito ammise che non si stava più comportando come uno scienziato e osservatore ma si era calato nella parte del direttore del carcere esattamente come tutti gli altri[138].

Il sesto giorno fu invitata Christina Maslach[139], una dottoranda (ora moglie di Zimbardo e all'epoca sua fidanzata) per intervistare i detenuti. La ragazza rimase sconvolta e inorridita da ciò che vide e riportò Zimbardo alle sue responsabilità chiedendogli di interrompere l'esperimento. Philip Zimbardo si risvegliò da una specie di torpore rendendosi conto della gravità della situazione e questa fu la fine dell'esperimento di Stanford.
Furono necessari molti anni prima che Zimbardo si decidesse a parlarne in modo approfondito è fu determinante lo scandalo della prigione di Abu Ghraib esploso nel 2004 con la pubblicazione delle foto dei soldati statunitensi che umiliavano e torturavano i militari iracheni[140]; Questo episodio, che mostrava le stesse caratteristiche dell'esperimento di Stanford , convinse Zimbardo a scrivere il libro, pubblicato nel 2007: "L'effetto lucifero"[141] da cui verrà tratto un film nel 2015: "The Stanford prison experiment"[142] che nonostante sia uscito anche in Italia con il titolo: "Effetto lucifero", guarda caso, come per il film su Milgram, è praticamente introvabile.

Anche nel caso dell'esperimento di Zimbardo in tempi recenti vennero sollevate critiche e si cercò di screditarlo (ricordate sempre il

---

138 https://www.samuelecorona.com/esperimento-prigione-stanford-zimbardo/
139 https://en.wikipedia.org/wiki/Christina_Maslach
140 https://en.wikipedia.org/wiki/Abu_Ghraib_torture_and_prisoner_abuse
141 http://www.raffaellocortina.it/scheda-libro/philip-g-zimbardo/leffetto-lucifero-9788860301574-127.html
142 https://www.imdb.com/title/tt0420293/?

concetto di terza parte apparentemente indipendente che in realtà agisce per generare confusione) con scarso successo. Il problema di questi esperimenti sono le implicazioni vaste ed esplosive che comportano e che, se comprese a fondo da tutte le persone, minerebbero la fiducia nell'autorità e nelle istituzioni; come dichiarò lo stesso Zimbardo: "Il nostro studio rivela il potere delle forze sociali, istituzionali, di indurre uomini buoni a compiere atti malvagi".

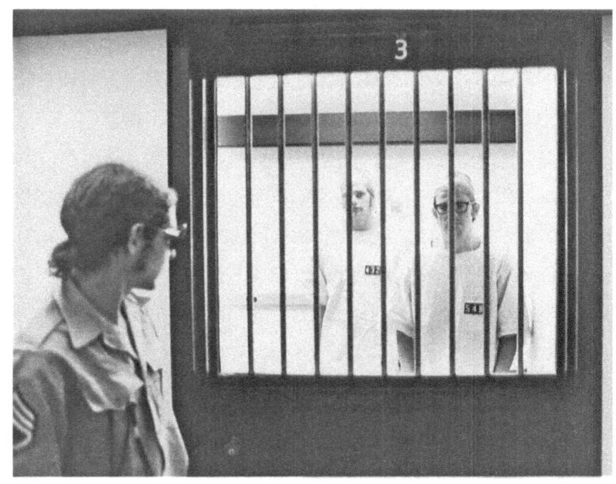

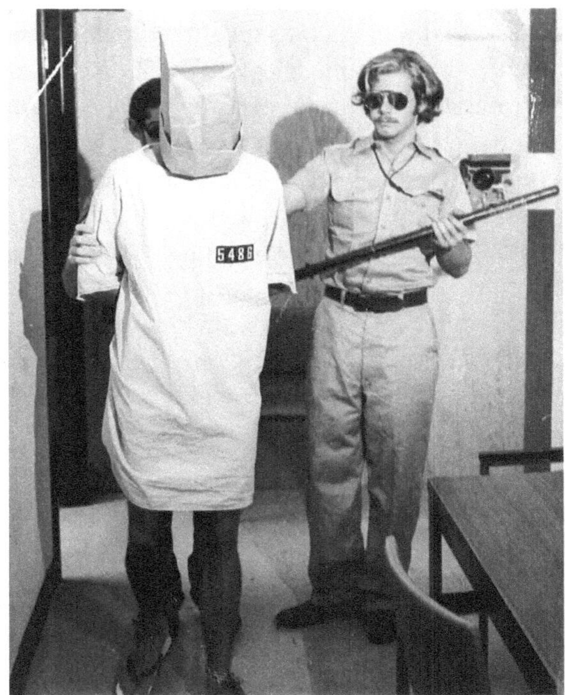

Foto N.24 La prigione realizzata per l'esperimento di Stanford

Foto N.25 Dopo soltanto 36 ore, la situazione degenerò

Esistono molti altri studi sociali di notevole importanza ma nonostante siano molto interessanti per capire come vengono poi sviluppate le tecniche della propaganda, richiederebbero un testo a parte. C'è tuttavia un'ultima ricerca di cui vi voglio parlare perché riguarda direttamente il potere dei media nel manipolare le menti in un modo che può portare le persone a conseguenze estreme come il suicidio. Tra il 1980 e il 1987, il sociologo David Phillips[143] dell'università della California a San Diego, compie una serie di ricerche e studi tutti pubblicati su riviste scientifiche che vertono su quella che Robert Cialdini, psicologo ed esperto delle tecniche di persuasione[144], chiama: "Il principio della riprova sociale"[145]. Di che cosa si tratta?Dice Cialdini:

"...Stabiliamo che un comportamento è giusto per una determinata situazione in base a come agiscono gli altri, Che il problema sia cosa fare con un pacchetto di popcorn vuoto al cinema, quanto veloce si possa andare in un certo tratto di autostrada o come dobbiamo mangiare il pollo a una cena, le azioni di quelli che ci circondano saranno una guida importante per darci una risposta. La tendenza a considerare giusta un'azione se la fanno anche gli altri funziona bene, e di norma sbaglieremo meno agendo in accordo a quello che fanno gli altri piuttosto che agendo contro. Di solito, quando molte persone stanno facendo qualcosa in un determinato modo, quella diventa la cosa giusta da fare... Il principio della riprova sociale ci offre una scorciatoia utile ma contemporaneamente, ci rende vulnerabili agli attacchi dei profittatori."[146]

Come vedete si sta riferendo nuovamente ai principi di perdita dell'identità e di imitazione già rilevati da Gustav Le Bon e successivamente dagli esperimenti di Milgram e di Zimbardo. Le ricerche di Phillips però vertono su un aspetto decisamente più inquietante:

---

143 https://nyaspubs.onlinelibrary.wiley.com/doi/10.1002/j.2326-1951.1985.tb02929.x
144 https://en.wikipedia.org/wiki/Robert_Cialdini
145 Robert Cialdini: Teoria e Pratica della persuasione Alessio Roberti Editore - 2009
146 Ibidem

possono i media influenzare il pubblico al punto di spingere le persone al suicidio? In un primo studio condotto dal ricercatore nel 1980 emerge quanto segue: dopo che le prime pagine dei giornali hanno riportato un suicidio, gli aerei, di aziende private o di linea, iniziano a cadere con una frequenza impressionante. Phillips riesce a dimostrare che subito dopo alcune storie di suicidi a cui i media hanno dato particolare risalto, il numero di persone morte per incidente aereo cresce del 1000%.[147] Ma non è tutto, Phillips scopre qualcosa di ancora più inquietante: aumenta in modo significativo anche il numero di vittime per incidenti d'auto. Inizialmente il ricercatore si domanda qual è la relazione e la causa di questi dati allarmanti. Phillips non è convinto che le cause siano da attribuire a "condizioni sociali" anche perché gli aumenti repentini di questi incidenti si verificano soltanto nelle zone in cui la notizia ha avuto una grande visibilità dal punto di vista mediatico. David Phillips si rende presto conto che maggiore è lo spazio dato alla notizia, maggiore è il numero di incidenti che ne segue. Proseguendo nelle ricerche, il sociologo si convince che i dati abbiano delle somiglianze con quelli di altri studi tesi a dimostrare i principi dell'emulazione e si imbatte in quello che egli chiama: "Effetto Werther" anche conosciuto successivamente come: "Copycat Effect".

Il primo nome deriva dal romanzo: "I dolori del giovane Werther" che Goethe[148] pubblica nel 1774; Il libro, nel quale l'omonimo protagonista si suicida a causa di un amore non corrisposto, ebbe un impatto sociale devastante provocando un'impressionante serie di suicidi per emulazione anche nei paesi dove veniva tradotto. Un fenomeno che si ripeterà in Italia dopo la pubblicazione nel 1802 del romanzo di Ugo Foscolo: "Ultime lettere di Jacopo Ortis"[149], ma anche dopo la pubblicazione del saggio: "Sesso e carattere" di Otto Weininger[150], pubblicato nel 1903. Nel corso delle sue ricerche Phil-

---

147 Phillips D.P. Suicide motor vehicle fatalities, and the mass media: Evidence toward a theory of suggestion, in "America Journal of Sociology", 84, 1979, pp. 1150-1174

e Airplane accidents, murder, and the mass media: toward a theory of imitation and suggestion, in "Social Force", 58, 1980, pp. 1001-1024

148 https://it.wikipedia.org/wiki/Johann_Wolfgang_Goethe

149 https://it.wikipedia.org/wiki/Ultime_lettere_di_Jacopo_Ortis

150 https://it.wikipedia.org/wiki/Otto_Weininger

lips riesce a ottenere i dati relativi a un moderno effetto Werther analizzando le statistiche dei suicidi avvenute negli Stati Uniti tra il 1947 e il 1968. In questo studio emerge che nei due mesi successivi a un suicidio che aveva occupato le prime pagine dei quotidiani, in media si uccidevano 58 persone in più rispetto alla norma. Come fa notare Robert Cialdini, ogni storia di suicidio uccideva 58 persone che altrimenti avrebbero continuato a vivere[151].

Phillips nota la somiglianza tra i dati riscontrati nell'effetto Werther e quelli relativi agli aumenti di incidenti aerei e automobilistici dopo la notizia di un suicidio e ha un'intuizione: potrebbe trattarsi di un "Effetto Werther Celato". Secondo il sociologo, infatti, si può parlare di "Incidenti per imitazione" Questo significa che piloti e automobilisti non andrebbero a schiantarsi consapevolmente ma sarebbero indotti a commettere un errore fatale dal principio della riprova sociale illustrato da Cialdini che potrebbe attivarsi a livello inconsapevole dopo che i media hanno dato la notizia del suicidio o dell'incidente in un certo modo, utilizzando un determinato linguaggio. Siamo nel campo della programmazione neurolinguistica? Altre ricerche confermano le idee di Phillips; ad esempio, nel 1987, un gruppo di lavoro austriaco guidato da Thomas Niederkrotenthaler, per sperimentare una modalità di prevenzione dei suicidi, fornisce ai media delle linee guida sul modo di comunicare la notizia di un suicidio. L'obiettivo di questo esperimento è quello di provare a ridurre i tentativi di suicidio e i suicidi stessi nella metropolitana di Vienna; dopo l'introduzione delle linee guida per i media, nell'arco di sei mesi si assiste a una riduzione dell'80% di questi tentativi[152]. Capite che le implicazioni di questi dati sono davvero enormi e la responsabilità dei media diviene preponderante specialmente ora che sappiamo quanto gli Spin Doctors si adoperano nello studio di strategie comunicative.

Tornando agli studi di Phillips, abbiamo compreso che il risalto dato a una notizia è determinante nell'aumento statistico degli incidenti. Phillips ha anche scoperto che questi incidenti vanno per similitudi-

151 Robert Cialdini: Teoria e Pratica della persuasione Alessio Roberti Editore - 2009

152 https://www.ncbi.nlm.nih.gov/pubmed/18082110

ne: Se la notizia riporta il suicidio di un giovane, maggiori saranno gli incidenti in cui i giovani sono coinvolti; viceversa, se la notizia riporta il suicidio di un anziano, aumenteranno le vittime anziane. Seguendo questi studi, vi propongo alcuni dati italiani relativi a quello che i media hanno definito come: "il periodo nero per l'aviazione". Tutto inizia con la notizia di due cacciabombardieri "Tornado"\ dell'aeronautica italiana che si scontrano in volo precipitando sulle Marche il 19 agosto del 2014[153]. Giornali e televisioni italiani danno grande risalto a questo fatto e in breve, tra agosto e settembre 2014, assistiamo a una vera ecatombe di incidenti aerei:

19 agosto.
Due Tornado si scontrano in volo sui cieli di Ascoli, morti i quattro membri dell'equipaggio. Probabilmente un errore umano.
27 agosto.
Un piccolo aereo biposto Mooney M20J marche OO-AEP esce fuori pista nel campo volo di tenuta Tannoia, nei pressi di Castel del Monte ad Andria (Bari), feriti i due passeggeri. Il pilota aveva 67 anni. Alla base dell'incidente una possibile manovra errata del pilota.
13 settembre.
Nelle campagne alla periferia di Alessandria, nella zona tra Spinetta Marengo e Castelceriolo, cade un ultraleggero biposto, muoiono i due uomini che vi erano a bordo.
20 settembre.
un aereo Procaer F.15 marche I-CICO si schianta in fase di atterraggio sulla pista di volo di strada dello Scoglio alla frazione Morsella della periferia di Vigevano, Pavia. Nello schianto muoiono il pilota e uno degli spettatori investito mentre a bordo pista assisteva all'atterraggio.
21 settembre.
A Trezzo sull'Adda nel milanese un parapendio a motore ultraleggero è precipitato durante una sessione di volo pratico per conseguire il brevetto presso una scuola della zona. Il pilota è rimasto ferito.
21 settembre.
Un aereo Xtreme 3000 marche D-EYKS precipita al Lido di Vene-

---

153 http://www.palermotoday.it/cronaca/scontro-tornado-ascoli-giuseppe-
    palminteri.html

zia durante la manifestazione aerea "Fly Venice" organizzata
all'aeroporto Nicelli. Muore il pilota: la vittima è un campione di
volo acrobatico, Francesco Fornabaio, pluripremiato a livello mondiale.

21 settembre.
Un ultraleggero modello firefox si schianta nei pressi della pista di
volo di San Giuseppe di Bosco di Vidor (Treviso), a poco distanza
dal greto del Piave, pilota e passeggero rimangono entrambi feriti.

21 settembre.
Un elicottero I-PITO, un Lama è caduto in provincia di Vercelli con
5 feriti.

22 settembre.
All'Elba un aereo DV20 marche OE-ADH precipita nei pressi
dell'aeroporto La Pila. A perdere la vita l'istruttore e il suo allievo.

27 settembre.
A Salgareda (Treviso) presso l'avio superficie Carrer all'interno del
terreno della società agricola Borga. cade un aereo biposto KitFox
di costruzione americana in fase di decollo: muore il pilota, il solo a
bordo, 79enne.

28 settembre.
Nel senese è precipitato un aereo Pitts Model 12 marche I-WILL
decollato dall'aviosuperficie di Colle Val D'Elsa: morti il pilota e una
passeggera, una turista russa. Il pilota, amico di Fornabaio si era le-
vato in volo per commemorare la morte del collega a una settimana
di distanza dal tragico incidente del campione.

28 settembre.
Poche ore più tardi, un ultraleggero è caduto in una risaia nella zona
di nella zona di Castellazzo, nel novarese, vittima il pilota.

La mia domanda è: "Quanti effetti Werther celati potremmo scoprire analizzando le modalità con cui i media diffondono un certo tipo
di notizie?"

Torniamo per un momento alle ricerche di Cialdini: si parla spesso
di "apatia sociale" quando vengono riportate notizie assurde di gente bisognosa di aiuto in mezzo a una strada che viene sistematicamente ignorata da tutti i passanti. Anche in questo ambito sono sta-

te fatte molte ricerche; gli psicologi affermano che esistono almeno due ragioni per cui una persona che si trovi ad assistere a una situazione critica sarà meno disposta a intervenire se sono presenti anche altri. La prima ragione è abbastanza comprensibile: se ci sono molte persone che possono intervenire, la responsabilità individuale diminuisce. "Forse qualcun altro chiamerà aiuto o forse qualcuno lo ha già fatto". Mentre tutti pensano che qualcun altro stia intervenendo, nessuno fa niente. La seconda ragione che dal punto di vista psicologico è la più interessante, si fonda sul principio della riprova sociale di cui abbiamo parlato: "L'uomo a terra è vittima di un attacco cardiaco oppure è soltanto un ubriaco che sta smaltendo la sbornia? Cosa sta succedendo?" Quando abbiamo un'incertezza di questo genere, la tendenza naturale è di guardarsi attorno per vedere cosa fanno gli altri. Possiamo capire dal modo in cui gli altri testimoni dell'evento reagiscono se si tratti o meno di un'emergenza. È facile però dimenticare che anche tutti gli altri che stanno assistendo all'evento sono in cerca di una riprova sociale e se ci sforziamo di mantenere un atteggiamento posato e tranquillo, vedendo che anche gli altri lo fanno, possiamo essere portati a pensare che non ci sia un'emergenza.

Per approfondire questo aspetto sono molto interessanti gli studi di Latanè e Darley[154].

Nell'analizzare il principio della riprova sociale, Cialdini si è chiesto ad esempio perché i programmi televisivi americani, come ad esempio le "Situation Comedy", continuino a inserire le risate registrate nonostante sia una pratica detestata da tutti. Una piccola indagine ha infatti rivelato che viene ritenuto un espediente stupido, fasullo, ovvio e monotono. Per quale motivo allora i dirigenti televisivi si ostinano a inserirli spesso anche contro la volontà degli autori, attori e registi? Non è una domanda stupida; perché uomini d'affari navigati e accorti difendono una pratica che il pubblico trova sgradevole e gli autori offensiva? La risposta è semplice e torniamo al concetto principale della ricerca scientifica; questi dirigenti conoscono i risultati delle sperimentazioni e della ricerca. È stato dimostrato che

---

154 Latanè B. Darley J.M. Group inhibition of bystander intervention in
    emergencies, in "Journal of personality and Social psichology" 10, 1968 pp.
    215-221

l'utilizzo delle risate preregistrate induce gli spettatori a ridere di più, a considerare il programma più divertente anche se pieno di battute cretine e di bassa lega, quindi il tutto funziona meglio e dà maggiori risultati. Inquietante no? Ma perché funziona se in realtà il trucco è talmente banale che non inganna nessuno? Proprio per i motivi che abbiamo sopra illustrato legati alla riprova sociale: perché uno dei mezzi che utilizziamo per capire che cosa è giusto, è quello di cercare di scoprire che cosa gli altri considerano giusto. La tendenza a considerare più adeguate un'azione quando la fanno anche gli altri normalmente funziona bene. In genere ci permette di commettere meno errori, è una comoda scorciatoia per decidere come comportarsi ma questa, assieme alla sua forza, è anche la sua maggiore debolezza perché ci espone agli attacchi dei professionisti della persuasione[155].

I nostri automatismi, che sociologi e ricercatori analizzano e sperimentano, si trasformano in armi pericolose specialmente quando noi stentiamo a conoscerli o riconoscerli e quando vengono utilizzati scientemente e subdolamente per orientare i nostri pensieri e i nostri processi decisionali da gente che invece, questi processi li conosce e li manovra abilmente. Robert Cialdini ne ha individuati almeno 7 di questi principi/ automatismi; oltre a quello della riprova sociale c'è il principio di reciprocità (o regola del contraccambio) che è uno dei più potenti; molti studi confermano che si tratta di una regola "soverchiante"; quella cioè che ci impone di ricambiare un favore. Se qualcuno ci manda un regalo per il compleanno, ci sentiamo in dovere di ricordarci del suo e contraccambiare; lo stesso vale per un invito a cena etc. Fondamentalmente non c'è nulla di male in questo, anzi, è notevole pensare che il termine "Obbligato" sia diventato un sinonimo di "Grazie" in moltissime lingue. Sociologi come Alvin Gouldner[156] hanno condotto studi approfonditi scoprendo che non esiste società umana che non condivida questa norma. Molti antropologi, come Lionel Tiger e Robin Fox[157], hanno osservato che lo scambio di servizi e beni, ha aiutato moltissimo lo sviluppo

---

155 Robert B. Cialdini - Le armi della persuasione - Giunti 1995
156 https://en.wikipedia.org/wiki/Alvin_Ward_Gouldner
157 Lionel Tiger, Robin Fox - The Imperial Animal - Holt, Rinehart and Winston
   - 1971

dell'uomo creando inoltre fasce di interdipendenze che legano gli individui e producono sistemi di grande efficienza. Essi hanno osservato che un senso diffuso e profondamente condiviso di obblighi per il futuro comportò una differenza enorme per l'evoluzione sociale umana, in quanto significava che una persona poteva dare a qualcun'altra cibo, energie, cure, fidando che non sarebbe andata perduta; dare via delle risorse senza perderle davvero[158].

Ovviamente c'è il rovescio della medaglia e non è poi così difficile intuirlo; Il fatto che si tratti di una regola così radicata e soverchiante, spiega perché può essere utilizzata con estrema efficacia per ottenere accondiscendenza da parte degli altri. Pensate soltanto al fatto che l'antipatia o l'avversione che possiamo avere nei confronti di una persona non è sufficiente a sopprimere la regola della reciprocità nel momento in cui questo ci fa un favore. In politica assistiamo ad esempio a improbabili alleanze o a voti inaspettati a proposte di legge da parte di individui che parevano contrari; ma pensate sempre allo scambio di favori che avviene a quei livelli.

Per riassumere velocemente gli altri principi abbiamo quello dell'impegno e coerenza che si basa sul nostro bisogno, spesso quasi ossessivo, di essere o apparire coerenti con ciò che abbiamo già fatto; per esempio quando dobbiamo fare una scelta o prendiamo una posizione. Uno degli esperimenti realizzati in questo senso vide coinvolto lo psicologo Thomas Moriarty che inscenò una serie di furti simulati in una spiaggia vicino a New York per determinare se le persone che vi assistevano, si sarebbero accollati il rischio di provare a fermare il ladro. Un complice del ricercatore si sdraiava accanto a un bagnante scelto a caso; in seguito si alzava allontanandosi e lasciando incustoditi una radio e un asciugamano. Dopo pochi minuti, un altro complice che rivestiva il ruolo del ladro rubava la radio. In queste condizioni quasi nessuno tentò di fermare il ladro assumendosi quindi un grande rischio personale; solo pochi soggetti, 4 su 20 testati provarono a sventare il furto. Ma quando fu realizzato

un secondo test con altri soggetti inserendo una piccola variante, il risultato fu sorprendente. Il bagnante, prima di allontanarsi, chiedeva al soggetto vicino la cortesia di dare un'occhiata alla sua roba ri-

---

158 Robert B. Cialdini - Le armi della persuasione - Giunti 1995

cevendo sempre un assenso e 19 soggetti su venti si trasformarono in autentici sceriffi[159]. Perché è così potente questo principio? Possiamo dire che nella nostra società, la coerenza, nella maggior parte dei casi, è considerata una qualità apprezzata e si rivela utile mentre l'incoerenza è percepita come un tratto negativo della personalità. Questo accade nonostante una "coerenza cieca" possa produrre anche effetti disastrosi. L'automatismo però è comodo perché, come afferma Cialdini: "..Ci consente di sfuggire alla dura prigionia di un pensiero sempre vigile."[160] Cialdini ci ricorda anche:

"...Come notava Sir Joshua Reynolds, non c'è nessun espediente cui un uomo non ricorra per evitare la fatica autentica di pensare. Col programma automatico di coerenza in funzione, possiamo occuparci tranquillamente delle nostre faccende, felicemente esentati dallo sforzo di dover pensare troppo."[161]

C'è un altro effetto collaterale di questo automatismo: le risposte limpide e chiare che può darci il pensiero. Risposte che possono essere disturbanti, non piacerci; consapevolezze che preferiremmo non avere e che grazie a questo comodo automatismo possiamo tranquillamente mettere da parte. Non è difficile capire che tutti questi automatismi per quanto comodi e a volte utili sono allo stesso tempo molto pericolosi perché ci rendono estremamente manipolabili.

Gli altri principi stabiliti da Cialdini sono: "L'autorità" (o deferenza guidata) che abbiano già visto con gli esperimenti Milgram e Zimbardo; "La simpatia" (o principio del ladro socievole), "La scarsità" (o regola dei pochi) quando sviluppiamo un interesse per qualcosa che risulta introvabile, in via di esaurimento, rara o improvvisamente proibita, o anche concessa per poco tempo. Nel caso delle vendite possiamo parlare di prodotti che magari non sono mai stati nel nostro interesse ma che, se spinti con il principio della scarsità, esercitano improvvisamente un'attrattiva maggiore. Oppure pensate a un

---

159 Ibidem
160 Ibidem
161 Ibidem

museo che non va a visitare nessuno ma davanti a un annuncio del tipo: "Solo per pochi giorni entrata libera" attira code di curiosi che mai si sarebbero sognati di pagare un biglietto per andarlo a vedere. Ma è un principio che può essere utilizzato in ogni campo; il timore di una perdita è molto potente e ad esempio, nel campo della salute, gli opuscoli che esortano le donne a presentarsi per i controlli mammografici funzionano decisamente meglio quando sottolineano i pericoli che si possono evitare piuttosto che dedicarsi ai benefici che si ottengono (ovviamente tacendo anche sui rischi di una pratica abbastanza invasiva). Si può capire meglio questo concetto se pensiamo a quando siamo impegnati in una conversazione molto interessante, in cui ci sentiamo coinvolti, e improvvisamente squilla il telefono. La maggior parte delle volte accade che il timore di perdere qualche informazione potenzialmente importante che potrebbe arrivare da quella telefonata, la porta immediatamente ad avere la precedenza su quello che poco prima era il nostro interesse primario. Questo significa semplicemente che lo sconosciuto che sta chiamando ha sempre un vantaggio decisivo sul nostro interlocutore perché ad ogni squillo abbiamo l'impressione di poter perdere per sempre un qualcosa di importante[162].

L'ultimo principio riguarda: "L'influenza istantanea" (o consenso primitivo) e si riallaccia a quanto già osservato da Gustav Le Bon, Edward Bernays e altri.

Come potete vedere siamo vulnerabili sotto molti aspetti ed è proprio per questo che è importante conoscere e, riconoscere gli automatismi che ci guidano, esercitando il nostro senso critico e allenandolo al fine di proteggerci dalla manipolazione costante che subiamo da parte di chi, come abbiamo visto, ha fatto di questa pratica una vera e propria missione.

---

162 Ibidem

Foto N.26 Uno degli esperimenti sul conformismo derivato da quelli di Asch che mette in evidenza anche i vari principi enunciati da Cialdini, può essere rintracciato a questo indirizzo: https://www.youtube.com/watch?v=o8BkzvP19v4

La propaganda è l'arte di convincere gli altri di ciò in cui non si crede.
(Abba Eban)

In uno studio pubblicato da Russ Kick[163] vengono individuate alcune
credenze popolari che si sono radicate nel popolo americano anche
se non esistono evidenze che attribuiscano loro una qualche forma
di affidabilità o verità; anzi, spesso le evidenze sono proprio inequivocabilmente contrarie, eppure non si tratta di leggende metropolitane. Sono convinzioni indotte grazie alle tecniche della propaganda
come già avvenuto per il fluoro, il fumo e altre cose che abbiamo visto nelle pagine precedenti. Russ Kick nelle sue ricerche sottolinea
come, per rendere credibili questi luoghi comuni e radicarli nel sistema di credenze della gente, siano stati spesi miliardi di dollari in
campagne che hanno coinvolto milioni di persone. Alcuni dei luoghi
comuni più eclatanti analizzati da Kick sono i seguenti:

- I medicinali ridanno la salute
- Gli americani sono le persone nello stato di salute migliore
- La vaccinazione rende immuni
- La gravidanza è una condizione medica molto seria
- L'HIV è la causa dell'Aids
- Il fluoro nell'acqua dell'acquedotto protegge i tuoi denti
- I dolori cronici sono una naturale conseguenza dell'età
- La vaccinazione anti-influenzale previene l'influenza
- La soia è la più salutare sorgente di proteine

Russ Kick ha inoltre fondato il sito: "The Memory Hole" nel quale
ha pubblicato e archiviato documenti del governo degli Stati Uniti,
tra cui studi e rapporti scientifici, rapporti relativi ai diritti civili, testimonianze, rapporti di intelligence e operazioni segrete; rapporti

---

163 https://en.wikipedia.org/wiki/Russ_Kick

sulla sicurezza dei consumatori. il sito era dedicato alla conservazione e alla pubblicazione di materiale difficile da reperire o non ampiamente noto che, rischiando di andare perduto, potesse in questo modo costituire un archivio sempre disponibile[164]. Il sito è stato purtroppo hackerato nel 2009 dopo che aveva centrato su di sé molto interesse. Kick in ogni caso, essendosi occupato per molto tempo di disinformazione ha scritto molti testi importanti tra cui il classico: "Tutto quello che sai è falso"[165].

Ma ciò che ci interessa capire delle credenze elencate da Kick, riguarda il "come" sia stato possibile instillarle; le tecniche utilizzate per fare in modo che una determinata idea si fissi in modo indelebile nella mente delle persone al punto da trasformarsi in una verità scontata, un dato di fatto acquisito che si crede ormai condiviso dall'intera umanità, o dagli ambienti scientifici, quando in realtà le cose non stanno per nulla così. Le operazioni di propaganda, come abbiamo visto, sono di varia natura e mirate a raggiungere vari scopi; a volte sono necessari tempi lunghi perché si crei una sorta di "verità acquisita", e una delle operazioni a lungo termine, pensate quindi con largo anticipo, è chiamata: "La finestra di Overton". Si tratta di una tecnica di ingegneria sociale che prende il nome dal suo creatore, Joseph P. Overton[166], un ingegnere elettronico laureato anche in giurisprudenza con interessi nelle politiche sociali. Overton intuì che non aveva senso sostenere delle politiche considerate inaccettabili dalle persone, anche perché oltre alla resistenza del pubblico ci potrebbe essere quella dei politici che non desiderano inimicarsi dei potenziali elettori; ma nonostante questo, secondo Overton, è possibile rendere accettabile qualsiasi idea anche la più repellente aprendo delle finestre di opportunità e avanzando per gradi.

Per capire meglio come funziona questa tecnica, prendiamo spunto dal regista Nikita Mihalkov e dal suo provocatorio esempio apparso nel video blog "Besogon.tv"[167].
Un tabù concreto, ipotizza il regista, che risulta inaccettabile, ripu-

---

164 https://en.wikipedia.org/wiki/Thememoryhole.org
165 http://russkick.com/books#books-top
166 https://en.wikipedia.org/wiki/Joseph_P._Overton
167 http://www.besogon.tv/

gnante e lontano da qualsiasi morale nella nostra società è il cannibalismo. Nella "FASE 1" del procedimento di Overton, si trasferisce quindi il problema alla comunità scientifica e, dato che per la scienza, non esistono tabù, si inizia a studiare i rituali di qualche antica tribù e si crea un gruppo radicale di intellettuali che sostengono il cannibalismo. Questo gruppo viene propagandato attraverso i media (Radio, Giornali, Tv). Ovviamente le prime reazioni saranno scandalizzate; questi personaggi verranno percepiti come dei pazzi furiosi, ma nel frattempo, la gente inizierà a discutere, anche se in modo negativo, di una problematica che fino a quel momento non era mai stata un argomento di discussione. Questo significa che la prima finestra, quella bloccata perché impensabile ha già progredito verso una nuova finestra.

Nella "FASE 2" si stimola il dibattito coinvolgendo scienziati e persone compiacenti finanziate per sostenere una tesi favorevole. In questa nuova finestra la gente ha cambiato prospettiva passando da un pensiero radicale ad: "Accettabile" che ci sia un dibattito in corso. In questa fase si inizierà a considerare "intransigenti" quelli che si rifiutano di acquisire informazioni sul tema e si istruiscono i media a ritenere "Fanatici" (o negazionisti) quelli che si oppongono alla scienza.

Sempre grazie all'uso dei media si provvede a cambiare termine da "Cannibalismo" a "Antroprofagia" o "Antroprofilia" (Antropo = uomo[168] e Filia = amore, amicizia, affinità[169]); in fondo è semplice, i cannibali diventeranno degli amici/amanti degli uomini, un po' come le guerre che magicamente, grazie ai media, si trasformano in "Missioni di pace".

Quando i media avranno reso la pratica del cannibalismo un concetto "Accettabile", si passa alla "FASE 3": rendere l'accettabile, sensato. Questo significa che in questa fase la gente deve percepire il problema come un diritto di alcuni; ovviamente sarà sempre centrale il ruolo dei media e dell'intrattenimento; dibattiti, film, videogiochi

---

168 https://it.wiktionary.org/wiki/antropo-
169 http://www.treccani.it/vocabolario/filia/

etc. Mentre dall'altra parte si continua a far percepire come fanatico chi si oppone. La comunità scientifica insisterà sul fatto che la pratica era ritenuta normale nelle società antiche e i radicali dovranno essere visti come individui che vogliono negare un diritto fondamentale.

La "FASE 4" viene avviata quando il cannibalismo si è ormai fuso con la coscienza sociale. A questo punto film, serie televisive, e altro dipingeranno questa pratica in termini positivi. Il concetto è di rendere la pratica un concetto "Popolare". Nell'ultima finestra la "FASE 5" si mette in moto la politica per legalizzare il fenomeno che ormai sarà considerato un diritto acquisito. I sostenitori troveranno sempre più appoggi, consensi e potere.

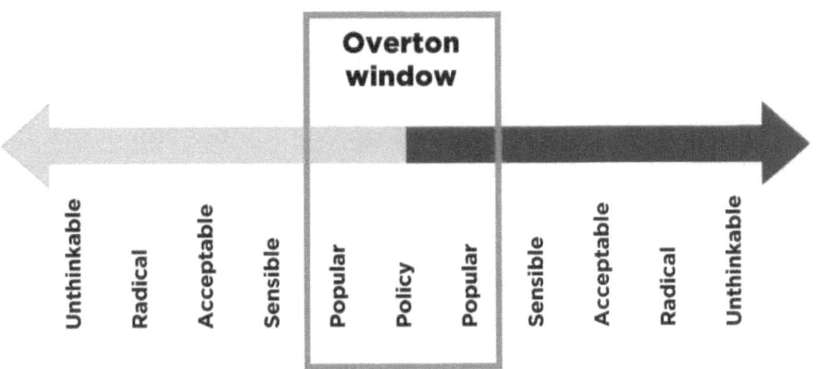

Foto N.27 e N.28 Diagramma della finestra di Overton; è importante osservare come lo schema di Overton funzioni nei due sensi:

Idea impensabile (illegale e rifiutata dalla società): ad esempio la pedofilia che si trasforma divenendo prima socialmente accettabile e poi legale

Idea impensabile (legale e punto fermo della società): ad esempio la perdita dei diritti umani che si trasforma divenendo prima socialmente accettabile e poi legale

Questo è un esempio di come un'idea in principio impensabile e immorale, può arrivare a stabilirsi nella coscienza collettiva come un diritto. Ovviamente la finestra di Overton può essere utilizzata anche al contrario, per trasformare cioè, un diritto acquisito e legale, in un'idea immorale e impensabile.

Ora provate a fare un gioco: prendetevi un po' di tempo e guardatevi attorno, analizzate in modo più critico ciò che vi viene rifilato dai media, dal cinema, e dall'intrattenimento in genere... Quante finestre di Overton sono state aperte? Sono certo che potete scoprirne parecchie sugli argomenti e concetti più disparati; sia in una direzione che nell'altra. Vi accorgerete, purtroppo, che oltre alle molte finestre aperte e in corso d'opera, ne vengono spalancate di nuove in continuazione. Il pericolo non è certo quello di cambiare un modello nel momento in cui ci si accorge che è sbagliato o che non funziona; non si tratta di fare un elogio alla rigidità per non cambiare mai opinione. Il problema centrale riguarda la necessità di accorgersi quando è in atto una manipolazione guidata e sottile delle nostre opinioni che viene operata attraverso queste tecniche che non a caso portano il nome di: "Ingegneria Sociale". Non c'è bisogno di una finestra di Overton per far capire alla gente che l'essere umano ha dei diritti umani inalienabili e che libertà e dignità sono compresi tra questi. Ma può servire una finestra di Overton per convincerci del contrario; perché se basta poco per perderli, come l'avvento di un dittatore o di una guerra, generalmente prima o poi la gente si ribellerà. Ma è diverso se a chiedere di rimuovere quei diritti sarà lo stesso popolo perché convinto attraverso una lunga e silenziosa opera di convincimento di una nuova realtà in cui quei diritti si trasformano in concetti detestabili. Il buon senso non dovrebbe mai farci dimenticare una domanda importante: "Cui Prodest?", a chi conviene? Chi ci guadagna? Avete notato che oggi in tutte le discussioni sia orali che nei social, appena uno esprime un'opinione su un qualsiasi argomento, ad esempio sulla sicurezza di un vaccino (tanto per toccare una tematica spinosa), la prima domanda che si vede porre con un tono beffardo e di sfida è: "Lei è per caso un dottore?" Come se il fatto di non essere un medico significasse automaticamente che la sua affermazione è errata, non credibile, o palesemente falsa. Vice versa se fosse un medico allora la sua affermazione sarebbe automaticamente corretta, credibile, o vera? Se Hitler affermasse che un corpo immerso in un liquido riceve una spinta dal basso verso l'alto pari al peso del liquido spostato, avrebbe detto una stupidaggine per il solo fatto di non essere un fisico, uno scienziato e peggio, di essere il peggior criminale della storia? O la sua affermazione sarebbe corretta a prescindere dal suo titolo accademico e dalla sua fama?

Sembra quasi che le persone abbiano dimenticato la semplice logica che impone di contestare o confermare il contenuto, cioè l'affermazione in sé che può ovviamente essere valida o meno a prescindere dalla persona che la enuncia e dai suoi titoli. Credete che questa pessima abitudine di non esercitare il pensiero critico e di mettere da parte la semplice logica non abbia a che fare con la propaganda?

Ricordando l'assioma di Gustav LeBon secondo cui le masse ragionano per immagini (abbandonando quindi il senso critico) appare ora ovvio perché tra le tecniche della moderna propaganda, l'immagine ricopra un ruolo fondamentale. Siamo letteralmente bombardati da immagini; ogni concetto viene veicolato attraverso le immagini ogni nuovo termine inventato dalla propaganda è associato a un'immagine. La sollecitazione è talmente potente che quando sentiamo determinati vocaboli, automaticamente si formano delle immagini nella nostra mente.

Voglio proporvi un altro piccolo test: ora scriverò un termine, e prima di proseguire nella lettura, pensate alla prima immagine che la parola evocherà nella vostra mente:

NO GLOBAL

Siate sinceri, la prima immagine che vi è venuta in mente non è forse simile a quella seguente?

Foto N.28 il termine No-Global, attraverso i media viene associato a immagini di persone violente e distruzione

Foto N.30 e 31 Immagini di manifestazioni contro il globalismo.
Nella nostra mente non siamo abituati a visualizzare immagini di famiglie, bambini e persone sorridenti che manifestano pacificamente per i loro diritti.

C'è un motivo per questo; i media hanno sempre associato il termine a immagini di violenza e distruzione in modo che la prima connessione che viene naturale ascoltandolo è quella relativa a dei fanatici violenti e criminali.
Ma che cosa significa esattamente il termine No-Global? Secondo l'enciclopedia Treccani la definizione indica:

Movimento assai variegato di gruppi e associazioni che contestano il processo di globalizzazione, considerato come fonte di inaccettabili iniquità tra Nord e Sud del mondo e all'interno delle singole società nazionali. I suoi militanti pongono in particolare sotto accusa il potere delle multinazionali e le politiche seguite dal FMI (Fondo Monetario Internazionale) e dalla WTO (World Trade Organization)[170]

Essendo un movimento "assai" variegato di gruppi e associazioni, non risponde a una logica partitica. Si tratta di movimenti estranei al mondo politico tradizionale e vuole di fatto rappresentare un movimento di rinascita della società civile. Tra i valori condivisi dai vari gruppi, associazioni o singoli vi è la democrazia diretta e partecipativa, il consumo critico, lo sviluppo sostenibile pacifista, ambientalista e antiproibizionista[171].

Ovviamente, ricorrere alla semplificazione e rinchiudere tutto in una comoda categoria è utile per le operazioni di manipolazione che abbiamo visto. Il termine inoltre è stato creato appositamente con questo scopo (dato che i nomi delle varie associazioni sono molto diversi) dalla stampa italiana che lo ha coniato per contrazione da: "Rete No Global Forum" "..riuscendo a inquadrare anche se semplicisticamente "coloro che manifestarono ai G8" come un'unica entità si è poi diffusa nella stampa italiana e quindi nel linguaggio di tutti i giorni anche se non esistevano gruppi che si siano dichiarati "no-global" e che siano poi stati identificati come tali all'epoca in cui il termine in questione venne usato per la prima volta...".[172]

---

170 http://www.treccani.it/enciclopedia/no-global/
171 https://it.wikipedia.org/wiki/Movimento_no-global
172 Ibidem

Visto come è facile? Il nostro cervello reagisce in modo automatico creando connessioni che poi formano delle opinioni grazie all'utilizzo di semplificazioni e comode etichette utilizzate dagli organi di stampa; grazie all'associazione di immagini e linguaggio. Si tratta, in definitiva, di una programmazione mentale molto efficace.

"Che cos'è la destra, cos'è la sinistra?" Cantava Giorgio Gaber; se c'è mai stata un'epoca in cui, almeno alcuni politici, credevano nel dibattito e nella forza degli ideali, essa è definitivamente tramontata per lasciare spazio all'età degli esperti. Non c'è politico, giornalista o pubblicitario che oggi non si affidi ai dottori del raggiro, ai manipolatori delle menti, alla generazione degli esperti in comunicazione creata da personaggi come Edward Bernays; il problema è che per questa gente noi siamo stupidi. È partendo da questo principio che addestrano un politico su ciò che deve dire o un giornalista su come deve comunicare. Ed è per questo che nessuno crede più a ciò che dice; perché noi siamo stupidi e dobbiamo essere trattati come tali, presi per mano e accompagnati. Come ha detto Scott Cutlip, professore emerito alla facoltà di giornalismo dell'università della Georgia, che è stato anche un esperto di PR:

"L'era della manipolazione ha sminuito la pratica della democrazia".[173]

Secondo gli Spin Doctors siamo noi il problema perché il pubblico è ignorante, irrazionale, apatico.

"Dal momento in cui inizi a vedere il pubblico come qualcosa che non funziona razionalmente, il tuo lavoro di pubblicista o giornalista cambia"

"Il momento cruciale fu quando coloro che servivano l'intelligenza del pubblico smisero di ritenere che il pubblico avesse un'intelligenza".[174]

---

173 Sheldon Rampton e John Stauber - Fidati! Gli esperti siamo noi - Nuovi
   Mondi Media 2004
174 Ibidem (Randall Rothemberg - The age of spin - op. citata)

Per alcuni esperti di PR, noi non siamo soltanto troppo stupidi per capire il mondo, ma siamo addirittura dei malati mentali che soffrono di "Regressioni infantili". James Cox un consulente per alcuni stabilimenti che smaltiscono i rifiuti putrescenti dei mattatoi ha coniato per il pubblico in protesta, l'espressione: "Querelante ipermotivato"[175].

Si tratta di un curioso paradosso; Esperti di comunicazione persuasi che la gente sia stupida e simile a bestiame, che però hanno bisogno di utilizzare tutte le tecniche in loro possesso per ottenebrare il pensiero critico e manipolare le emozioni al fine di renderci simili ad animali irrazionali. Assomiglia alla pratica operata dai media dell'intrattenimento nel diffondere prodotti spazzatura giustificandosi poi con un laconico: "È quello che vuole il pubblico". Ci si può fidare di "esperti" che si sono abituati a percepire la gente come bestiame? È un confine molto pericoloso quello che, una volta attraversato, ci aiuta a togliere personalità agli individui; il danno prodotto da personaggi come Edward Bernays consiste proprio nell'aver facilitato questo processo, perché ha reso etica e necessaria la manipolazione dei popoli dato che siamo considerati come un "gregge" che deve essere guidato.

I processi naturali dell'uomo e della società sono sempre stati identificati nella seguente progressione:

Bisogni > Economia/Politica/Industria/Finanza > Soddisfazione dei bisogni

Bernays è l'uomo che ha trasformato questo concetto introducendone uno più articolato e anti-etico che recita:

Manipolazione dell'opinione pubblica > Creazione di bisogni >
Economia/Politica/Industria/Finanza > Controllo

Come illustra lo schema qui sopra, per cambiare paradigma si parte dalla manipolazione dell'opinione pubblica e come abbiamo visto, si

---

175 Ibidem

utilizzano molti sistemi che agiscono perlopiù a livello inconscio;

illusionismo/inganno, sottrazione/minimizzazione,
narrazione/menzogna

Ma non solo; è necessario creare un nuovo linguaggio per stravolgere i concetti e scavalcare la razionalità; la neolingua di orwelliana memoria che trasforma il senso delle cose come, ad esempio, la "guerra" che viene chiamata: "Missione di pace". Lo abbiamo già detto in precedenza ma è giusto ribadirlo perché l'impatto delle parole sulla nostra mente, richiamano immagini molto diverse: "Guerra" fa pensare a morti, violenza, bombardamenti, fame, atrocità, mentre "Missione di Pace" richiama concetti positivi; aiuto, condivisione, fratellanza, tranquillità. Capite che se chiamo così una guerra sto trasmettendo immagini e sensazioni che, assieme ad altri condizionamenti o, "suggerimenti", creano opinioni nei cervelli che ho scelto come obiettivi della mia manipolazione. Non è la stessa cosa dire: "Riduzione fiscale" piuttosto che "Sgravio fiscale". Il secondo termine porta a pensare a qualcosa di grave che viene tolto, lenito; ha un impatto completamente diverso sulla nostra mente. Chiunque detenga il potere può controllare anche il linguaggio e non soltanto con le proibizioni o la censura, ma cambiando il significato alle parole.

Da alcuni anni a questa parte si sente spesso parlare di PNL (Programmazione Neuro Linguistica NdR); esistono molti libri sull'argomento e si tengono corsi un po' dappertutto spacciando l'utilizzo di questa tecnica come un efficace metodo per avere successo nella vita, nell'ambito del lavoro e dell'autostima. Generalmente la PNL viene considerata una pseudoscienza dalla dubbia efficacia e senza validità scientifica[176], ma Richard Bandler[177], il cofondatore di questa disciplina assieme a John Grinder[178], non scherzava affatto quando ha dichiarato che gli esseri umani sono letteralmente programmabili. In realtà, la PNL suscita un grande interesse proprio negli ambienti

---

176 https://it.wikipedia.org/wiki/Programmazione_neurolinguistica
177 https://en.wikipedia.org/wiki/Richard_Bandler
178 https://en.wikipedia.org/wiki/John_Grinder

scientifici e si stanno moltiplicando iniziative e ricerche presso le università al fine di produrre una documentazione scientifica corroborata dalle evidenze[179]. Un nutrito database di ricerche e osservazioni è già consultabile[180] e in molti è nato il sospetto che il microcosmo pseudoscientifico di libri e corsi dati in pasto al grande pubblico e che muove un mercato non indifferente dove la gente, nella speranza di acquisire capacità tali da garantire il successo e il controllo sul prossimo, è disposta a spendere cifre consistenti per imparare due trucchi da circo, rappresenti in realtà soltanto una facciata che nasconde tecniche ben più sofisticate e testate già in possesso degli addetti ai lavori. In effetti, i molti casi di truffe operate nei negozi ai danni di esercenti che in seguito non riuscivano a capacitarsi di come il ladro (sempre dipinto come persona di grande carisma che ispira fiducia) fosse riuscito a farsi consegnare spontaneamente l'incasso della giornata, o a ottenere un resto spropositato rispetto al pagamento, fanno pensare che sia effettivamente possibile attraverso il linguaggio e la gestualità, indurre stati di ipnosi e programmare i comportamenti nelle persone. Per comprendere meglio fino a dove possono spingersi le persone che padroneggiano questo tipo di tecnica che fa capo alla PNL, è sufficiente visionare i video del celebre Derren Brown[181]. Notevole quello in cui si aggira per vari negozi di New York riuscendo a pagare le merci con dei fogli di carta al posto delle banconote[182].

Allora? La PNL funziona? Matteo Rampin ha realizzato molte ricerche e dimostrazioni in questo senso e conclude che:

"...Possiamo affermare che la PNL ha fornito ulteriori elementi nell'arsenale a disposizione di chi intenda effettuare un controllo mentale. Le tecniche elaborate dai programmatori neurolinguistici rappresentano un ulteriore avanzamento nel territorio dell'influenzamento coperto o nascosto... Il persuasore, servendosi di queste conoscenze e unendole a quelle relative al monitoraggio della menzogna, può disporre l'interlocutore ad essere favorevole e ben di-

---

179 https://www.ia-nlp.org/scientific_research
180 http://www.nlp.de/cgi-bin/research/nlp-rdb.cgi?action=res_entries
181 https://en.wikipedia.org/wiki/Derren_Brown
182 https://youtu.be/3Vz_YTNLn6w

sposto nei suoi confronti..."[183]

Per tornare alla costruzione di un nuovo linguaggio che comporta il rovesciamento dei significati e dei termini e alla manipolazione stessa nella costruzione di uno scritto o di un discorso, come insegnano le scuole di giornalismo e come spiega in modo efficace Marcello Foa[184], le conseguenze portano a sviluppare un altro concetto orwelliano: il bipensiero (in originale: doublethink Ndr); quel meccanismo psicologico che porta una persona a credere a un'affermazione e anche al suo opposto senza notare il paradosso. Convincersi che tutto possa farsi e disfarsi e di conseguenza sviluppare anche la volontà e la capacità di sostenere un'idea e il suo opposto allo stesso tempo in modo da non trovarsi mai fuori dall'ortodossia, dimenticando, nel medesimo istante, il cambio di opinione ma anche l'atto stesso di dimenticare.

Tra i sistemi di condizionamento un ruolo importante è ricoperto dalla musica; sono state svolte numerose ricerche sugli effetti fisiologici che è in grado di provocare non soltanto una determinata frequenza sonora, ma anche la metrica musicale; l'organizzazione e la sequenza delle note possono influire sul battito cardiaco o modificare i parametri del respiro. Con la musica è possibile alterare anche la sudorazione e così come una ninnananna fa diminuire i riflessi, una marcia provoca un aumento della forza muscolare[185]. Sappiamo che in alcuni generi musicali moderni i pezzi imitano il battito cardiaco e uno dei sistemi più antichi per raggiungere stati alterati di coscienza o estatici consisteva proprio nel ballare su ritmiche penetranti ottenute dai tamburi e su canti magici in cui si modulava la voce al fine di provocare stati di profonda meditazione.
Tutte le culture hanno tradizioni simili ed è per la capacità del suono di agire sia a livello emotivo che fisico che la ricerca è sempre stata

---

183 Matteo Rampin - Tecniche di controllo mentale, analisi e contromisure - Aurelia - 2004
184 Marcello Foa - Gli stregoni della notizia - Guerini e associati - 2006
185 Favino A., Scoz R., Trecate G. (1971) Effetti della stimolazione acustica sulla secrezione do ormone somatotropo umano. Citato in: Tecniche di controllo Mentale, Rampin 2004

molto interessata ai suoi effetti. Gli studi sui benefici della musicoterapia sono noti da tempo[186]; La musica viene studiata nel trattamento del dolore, nell'anestesia, nell'induzione di un parto indolore e anche nella cura di alcuni disturbi mentali[187]. ma è utile capire che i risultati di queste ricerche possono essere utilizzati anche per scopi non propriamente etici. Sorvolando sulle cose ovvie come la possibilità di terrorizzare il nemico quando vengono effettuati attacchi di sorpresa a suon di musica o il coraggio che infonde ai poliziotti e il timore nei manifestanti il suono dei manganelli percossi sugli scudi dei primi; si può pensare, ad esempio, al terrificante effetto psicologico che suscitò il tintinnio di migliaia di chiavi fatte dondolare all'unisono durante la rivoluzione di velluto in Cecoslovacchia nel 1989[188] o a quei brani, spesso studiati con attenzione, che vengono diffusi nei centri commerciali con l'effetto di ottundere la vigilanza dei clienti.

Anche durante il regime nazista si capì presto che un elemento importantissimo nell'idea di poter controllare le masse era costituito dalla musica. Essa è stata sistematicamente utilizzata come strumento psicologico di persuasione di massa nel fascismo, nel nazismo ma in generale ne è sempre stato fatto un utilizzo politico vista la capacità di infiammare gli animi e spingere all'azione[189]. Secondo il sociologo Max Weber:[190]

"...Il sistema tonale occidentale si è formato di pari passo alla progressiva razionalizzazione della vita economica e sociale, e così è stato anche per quanto riguarda la sua dissoluzione. In effetti nel Tristano e Isotta, Wagner per primo dissolve i rapporti tonali e le tendenze centralizzatrici, anticipando ciò che sarà perfezionato dalla

---

186 A titolo di esempio: https://pubmed.ncbi.nlm.nih.gov/25553932/?
    from_term=music+therapy&from_pos=3
    https://pubmed.ncbi.nlm.nih.gov/27772537/?from_term=music+therapy&from_pos=7
187 Matteo Rampin - Tecniche di controllo mentale, analisi e contromisure - Aurelia - 2004
188 https://it.wikipedia.org/wiki/Rivoluzione_di_velluto
189 Matteo Rampin - Tecniche di controllo mentale, analisi e contromisure - Aurelia - 2004
190 https://en.wikipedia.org/wiki/Max_Weber

dodecafonia: non è un caso se durante la Seconda Guerra Mondiale la BBC proibisce la messa in onda di musiche di Wagner..."[191]

Secondo il sociologo, psicologo e musicologo Theodor Adorno[192], la musica crea riflessi condizionati che riguardano l'inconscio. La musica classica invita a un ascolto disciplinato, senza battere i piedi, in un silenzio assoluto; mentre la musica Rock scatena urla e movimenti scomposti del corpo, e ancora un ritmo tribale sincronizza i battiti cardiaci e ispira movimenti precisi sul "battere" della metrica musicale. Matteo Rampin fa notare:

"...Se la musica produce un'educazione alla postura e dei corpi, e una loro modificazione, è interessante chiedersi quali effetti avrà nel tempo l'abitudine contemporanea di ascoltare la musica in maniera autistica mentre si lavora, si cammina, si studia, attraverso cuffie individuali e dispositivi portatili..."[193]

L'opera e il musical sono considerati strumenti di propaganda e molti osservano che l'uso politico della musica inizia con le feste della Rivoluzione francese e con le orchestre all'aria aperta[194]. La musica è uno strumento molto potente ma che dire dell'immagine?

191 Matteo Rampin - Ibidem
192 https://en.wikipedia.org/wiki/Theodor_W._Adorno
193 Matteo Rampin - Ibidem
194 Ibidem

Un buon slogan può oscurare l'analisi per cinquant'anni.
(Oliver Wendell Holmes)

Il potere posseduto da una fotografia o da una sequenza di immagini in movimento è enorme; provate a pensare alla impressionante quantità di informazioni che è in grado di comunicare una singola immagine o un filmato. la maggior parte di queste informazioni non vengono analizzate dal nostro cervello ma arrivano direttamente a colpire il nostro subcosciente creando gli stati d'animo più diversi. Probabilmente pochi di noi si rendono conto di questo anche se tutti ci emozioniamo, ci spaventiamo, versiamo lacrime o ci sbellichiamo dalle risate al cinema o davanti a una fotografia particolarmente impattante diffusa dai media; un esempio su tutti la fotografia del bambino Alan Kurdi[195] sul bagnasciuga di una spiaggia turca dopo l'ennesimo naufragio di un barcone di migranti che ha scatenato un dibattito sull'utilizzo strumentale dell'immagine come arma di propaganda (perché nessuno coprì il corpo del bambino lasciandolo disponibile alle inquadrature del fotografo e perché il fratello che subì la stessa sorte non ebbe la medesima risonanza mediatica[196]? Alcuni osservatori sostennero che il povero corpicino fu spostato e posizionato per ottenere l'inquadratura migliore e più emotivamente coinvolgente[197]). Si dice che un'immagine valga più di mille parole e non c'è nulla di più vero; una fotografia tocca il nostro immaginario ma per sua stessa natura è ingannevole: ci mostra infatti una rappresentazione della realtà e non la realtà oggettiva. Noi però abbiamo la tendenza a confondere le due cose e riteniamo verosimile ciò che stiamo osservando. Del resto, non dimentichiamo mai l'osservazione di Gustav LeBon: le folle pensano per "immagini" e non si lasciano influenzare dai ragionamenti; "L'apparenza ha sempre un ruolo più importante della realtà".

---

195 https://it.wikipedia.org/wiki/Morte_di_Alan_Kurdi
196 https://www.tandfonline.com/doi/full/10.1080/1472586X.2020.1731325
197 https://www.independent.co.uk/news/people/katie-hopkins-claims-aylan-kurdis-drowned-body-was-staged-on-turkish-beach-10516423.html

Il ruolo del fotografo è fondamentale e l'immagine ha una sua grammatica ben precisa; suscitare un'emozione non dipende unicamente da uno scatto fortunato, la maggior parte delle volte è frutto di una attenta preparazione.

Uno scatto, realizzato per fare colpo nell'ambiente del giornalismo e che aiutò il suo autore a costruirsi una certa fama, è da attribuire a un grande maestro del cinema: il 26 giugno 1945 viene pubblicata l'immagine di un giovane aspirante fotografo di soli 17 anni: Stanley Kubrick. La fotografia ritrae un edicolante affranto per la morte di Roosevelt e questa immagine affascinerà così tanto gli editori della rivista "Look"[198] da offrire al fotografo dilettante la possibilità di entrare nello staff della rivista come fotoreporter. Kubrick però per ottenere quello scatto e quell'espressione, pagò l'edicolante 25 dollari[199].

Abbiamo già visto nel caso dei campi di concentramento serbi come un'immagine possa essere studiata per ingannare la percezione dell'osservatore e sappiamo che cinema e fotografia hanno, fin dalla loro origine, codificato tutta una serie di regole per la comunicazione non verbale che comprendono, tra le altre, anche il modo di trasmettere determinati stati emotivi attraverso l'uso dell'inquadratura. Per comprendere meglio questo concetto e per capire più a fondo il potere dell'immagine, facciamo una piccola e breve lezione di cinema in compagnia di Blair Brown, regista e direttore della fotografia:

"...Prendiamo una piccola scena: un albero, un ampio orizzonte con il sole che tramonta, un uomo, una donna e un cane. Se prendiamo semplicemente il mirino e lo puntiamo lì, stiamo facendo una scelta unica. Al di là di essa non influenziamo in alcun modo ciò che il pubblico vede... Come risponderebbe la maggior parte delle persone alla domanda: Cosa vedi? Quasi tutti risponderebbero: Un uomo, una donna, un cane e un albero. Solo se gli chiedeste "Che ora è nella scena?" risponderebbero forse, più o meno al tramonto. Se si spostasse il mirino in modo da portare l'orizzonte in un altro punto

---

198 https://jimproser.com/legendary-director-stanley-kubrick-at-the-copa/
199 John Baxter - Stanley Kubrick la biografia - Lindau 1999

rendendo il sole che tramonta non visibile, probabilmente non saprebbero neanche dire che ora è.

Ma questo è importante: anche facendo quest'unica scelta su dove posizionare il mirino, stiamo già influenzando la percezione dello spettatore. Facciamo un passo in più: mettiamo il mirino in maniera che l'uomo sia nascosto dall'albero; improvvisamente è una scena completamente diversa: dove prima avrebbe potuto esserci forse un pic-nic, adesso c'è una donna da sola tra gli alberi con un cane. Si sente sola? È in pericolo? Non abbiamo ancora molte informazioni e potrebbe trattarsi di molte cose, ma sicuramente la nostra percezione di cosa potrebbe accadere sarà diversa rispetto a prima. Ciò che abbiamo fatto, è cambiare l'inquadratura.

Ma noi possiamo scegliere non solo l'angolo da cui è vista la scena, ma anche se gli spettatori la vedranno tutta o ne vedranno solo una parte. Se prendiamo ad esempio il mirino lungo (un teleobiettivo Ndr) e lo puntiamo al sole, la prima cosa che vedremo sarà il tramonto. Questo stabilisce immediatamente una certa atmosfera e passa delle informazioni importanti: non solo l'orario, ma anche che ci troviamo in un posto in cui è possibile vedere un bel tramonto, quindi, quasi certamente un bel posto; in fin dei conti, ha un bel panorama. Se ciò che vediamo dopo è un'inquadratura della coppia che si bacia, sappiamo subito che è una bella giornata, che questa coppia se la sta godendo e che probabilmente sono innamorati. Ma se invece l'inquadratura successiva isolasse l'uomo e vedessimo ora che ha delle bende sugli occhi? Che triste ironia: è un bellissimo tramonto ma i suoi occhi sono malati. È cieco permanente? La donna è la sua amante o la sua infermiera? Non otteniamo solo nuove informazioni, ma anche nuove emozioni.

La tecnica cinematografica è in larga parte creare domande e aspettative nella mente dello spettatore. Perché è cieco? Lei è responsabile dell'incidente? L'ha fatto apposta? O forse è l'infermiera che si è innamorata di lui? Questa storia d'amore andrà avanti meravigliosamente oppure finirà con una grande tristezza? Tutto a partire da due inquadrature, se sono fatte bene..."[200]

---

200 Blair Brown - La fotografia nel film - Audino 2002

Foto N.32 La celebre immagine che permise al diciassettenne Stanley Kubrick di diventare fotoreporter per la rivista Look.

L'immagine non mostra la realtà ma una sua rappresentazione; è però in grado di colpirci emotivamente e la nostra mente tende a confondere le due cose portandoci a considerare autentica una situazione che invece è stata costruita in modo artificioso.

Per esempio inquadrare un personaggio con una prospettiva dal basso verso l'alto, aiutandosi con un obiettivo grandangolare che deforma e ingigantisce le dimensioni, conferisce al soggetto un senso di potenza mentre il pubblico che osserva l'immagine, assumendo il punto di vista dell'obiettivo si sente annichilito e sottomesso. Nel cinema horror ma non solo, questo tipo di inquadratura è molto utilizzata proprio per l'impatto emotivo che provoca negli spettatori, eppure, molto difficilmente qualcuno, quando osserva una fotografia si pone domande sul perché il fotografo ha scelto quell'inquadratura e quel particolare obiettivo per realizzarla; reagisce semplicemente in modo automatico a quell'immagine.

Ma l'inquadratura dal basso verso l'alto che abbiamo descritto solo per fare un esempio, poggia su basi neurobiologiche, e apprendiamo da precise nozioni di psicologia che è efficace nel trasmettere inconsciamente un senso di potenza invincibile che mette in sottomissione chi la osserva. L'osservatore, infatti, si trova nella posizione della scimmia sottomessa che assume una postura dimessa nei confronti del capo branco o del maschio dominante, torreggiante e fieramente eretto[201]. Pensiamo ad esempio alle statue di condottieri o capi del popolo poggiate su alti piedistalli nelle piazze delle città.

Ecco allora, che le agenzie di stampa che hanno diffuso le fotografie dei militari americani in Iraq, hanno selezionato sempre con cura, il tipo di immagini da mostrare. Nella logica propagandistica nulla viene lasciato al caso; le foto dei soldati ricalcano modelli hollywoodiani di bellezza, modelli in grado di trasmettere virilità e forza dove ogni dettaglio, come ad esempio una bottiglia in posizione eretta tra le gambe di un militare non è mai selezionato a caso, o modelli che dipingano i soldati sotto una luce favorevole, innocente, di normalità. Nel caso di una guerra contro un popolo mussulmano non è certo una casualità vedere immagini che mostrano le suole delle scarpe. Gli addetti all'informazione conoscono bene il carattere offensivo di queste immagini (Nella cultura mussulmana è un insulto mostrare le suole delle scarpe Ndr) e di conseguenza non si tratta di errori ma di scelte oculate con l'obiettivo di provocare effetti psicologici nei target a cui sono rivolte queste pubblicazioni.

---

201 Matteo Rampin Ibidem

Foto N.33 Esempio di immagine con prospettiva dal basso verso l'alto per enfatizzare il ruolo dominante del soldato. Questo tipo di inquadratura mette in soggezione chi la osserva. (da Matteo Rampin Ibidem)

127

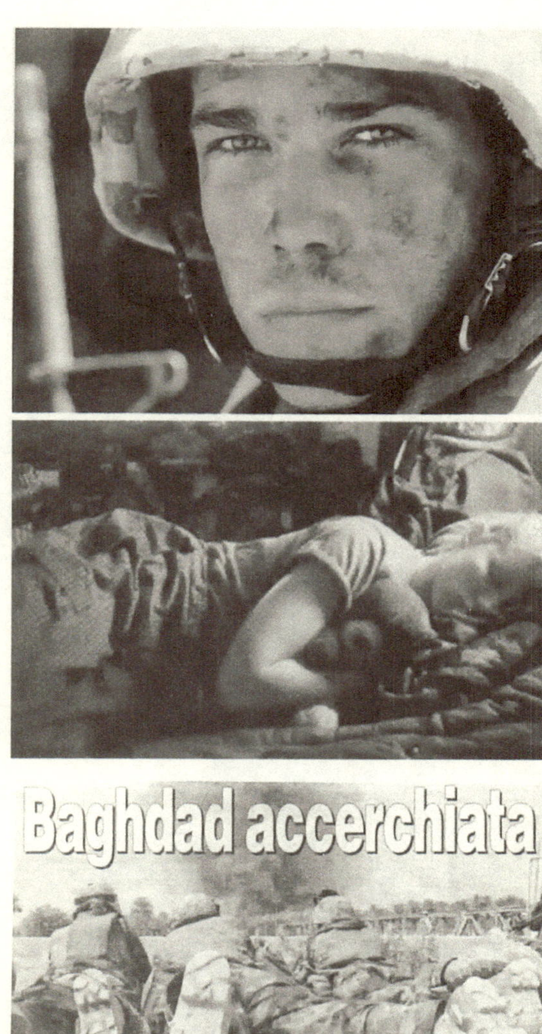

Foto N.34 Elevati standard di bellezza per mettere sotto una luce positiva i soldati alleati mentre si demonizzano i nemici.
Foto N.35 Mostrare il lato umano e normalizzante dei soldati; una donna riposa
con un orsacchiotto
Foto N.36 Mostrare le suole delle scarpe risulta offensivo nella cultura mussulmana (da Matteo Rampin Ibidem)

Giochiamo ancora un po' con il concetto di "Immagine"; vorrei proporvi un altro test che può essere utile a capire in che modo le immagini che vengono diffuse e che in pratica crescono assieme a noi accompagnandoci durante il corso della nostra vita, influenzano non soltanto i nostri pensieri, ma, a livello profondo, il nostro modo di percepire il mondo.

Provate a immaginare, intendo proprio a "visualizzare" nella vostra mente, la figura di un uomo ebreo. Se vi chiedessi di pensare ad un ebreo, quale immagine richiamerebbe il vostro cervello? Riuscite a immaginare le sue caratteristiche fisiche? L'aspetto, i tratti caratteristici, l'abbigliamento etc.?

Sono certo che se vi dicessi di immaginare un giapponese, non avreste difficoltà di sorta e credo che non ci sarebbero dubbi sull'immagine che prenderebbe forma nelle vostre menti. Ma sono altrettanto sicuro che nel caso di un ebreo, a seconda delle persone interpellate, potrebbero sorgere due figure molto diverse tra loro.

Esistono infatti due modelli preponderanti nella nostra cultura e nell'immaginario occidentale; il primo, quello cioè che ricorre maggiormente ha l'aspetto del tipico banchiere: i tratti caratteristici sono il naso, gli occhiali e lo sguardo, a cui possiamo aggiungere un panciotto e un fisico longilineo. Caratteristiche che corrispondono a un'idea piuttosto generalizzata (vista in molti film) che prende automaticamente forma quando si prova a immaginare l'aspetto di un ebreo. Se, come è probabile, alcuni di voi non si ritrovano con questa immagine, il secondo modello più ricorrente, infatti, è abbastanza diverso da questo e se nella vostra mente non si è formata un'immagine simile a quella qui sotto (foto N.37) è praticamente certo che se ne formata una simile al secondo esempio (foto N.38) e cioè quella appartenente a un ebreo ortodosso che rappresenta il secondo stereotipo più gettonato dalle nostre menti quando proviamo a visualizzare e contestualizzare il nostro concetto di persona appartenente alla religione ebraica.

A questo punto dobbiamo porci una domanda per nulla banale: "Perché questi sono gli unici due modelli ai quali pensiamo?" Sono infatti pronto a scommettere che nessuno di voi lettori ha visualizzato nella sua mente immagini come quelle presenti nel terzo esempio (foto N.39 e 40).

Foto N.37 Il celebre attore Woody Allen presenta molte delle caratteristiche tipiche dell'ebreo americano visto in molti film.
Foto N.38 Questa foto mostra un gruppo di ebrei ortodossi che festeggiano il nuovo anno

https://www.jpost.com/diaspora/in-pictures-ultra-orthodox-flock-to-celebrate-rosh-hashanah-in-ukraine-505683

Foto N.39 e N.40 Comunità di ebrei appartenenti all'etnia Mizrahi o Mizrahim di derivazione araba.

Le fotografie qui sopra infatti, mostrano degli ebrei di etnia araba Mizrahi o "Mizrahim"; così sono definiti gli ebrei provenienti dal mondo arabo. Si tratta di comunità che sono esistite nel Medio-Oriente e in Nord Africa fin dai tempi biblici[202]. La cosa interessante però, è che tra tutte le comunità ebraiche sparse per il mondo, quella Mizrahi è in assoluto **la più numerosa**. Perché allora non esiste nella nostra mente? Per rispondere a questa domanda dovremmo forse pensare allo stereotipo di ebreo che ci è stato venduto dalla televisione e dal cinema.

Questo semplice esempio fa capire quanto siano determinanti le nostre immagini mentali nel costruire quella che noi consideriamo realtà e come possiamo essere tutti influenzati e portati a costruire un'idea del mondo completamente errata dalle informazioni che quotidianamente subiamo in modo autistico e che ci vengono sottoposte dai media e dall'industria dell'intrattenimento. Se avessimo visto molti film con storie di ebrei arabi, solo per fare un esempio, oggi avremmo presente anche questa figura che sarebbe entrata a far parte del nostro immaginario e che invece risulta del tutto mancante. Forse a questo punto possiamo iniziare a comprendere meglio il potere del cinema come strumento di propaganda; un mezzo che incorpora il potere delle immagini, dei suoni e della musica per creare illusioni incredibilmente realistiche.

---

202 https://en.wikipedia.org/wiki/Mizrahi_Jews

Fare cinema non è fotografare la realtà,
ma fotografare la fotografia della realtà.
(*Stanley Kubrik*)

Se siete arrivati fino a qui, avete ormai intuito il potere della moderna propaganda nel manipolare in modo invisibile, non percettibile, non manifesto, la mente delle persone; senza distinzione tra classi sociali, istruzione o intelligenza. Se gli esempi che avete letto finora sono stati sufficienti a darvi la consapevolezza che nessuno, ma proprio nessuno è immune da questo tipo di operazioni, allora dovreste chiedervi se ritenete davvero possibile che cento anni di cinema non abbiano avuto alcun effetto nel formare le nostre opinioni, i nostri valori e in generale il nostro modo di vedere il mondo. Cento anni di cinema, di fatto, ci hanno colonizzato il cervello e questa magia è riuscita grazie alla nostra consapevolezza che un film in fondo, è soltanto finzione, serve come evasione dalla realtà per un paio d'ore e poi si torna alla vita di tutti i giorni. Questa consapevolezza è il cavallo di Troia che ha eluso e baypassato il nostro senso critico. Come abbiamo visto, nemmeno un libro può essere considerato innocuo ed è molto pericoloso e imprudente pensare che soltanto le menti deboli possano farsi influenzare da un racconto o da un film. Durante la visione noi operiamo un meccanismo chiamato: "Sospensione dell'incredulità" e iniziamo a credere veramente a quello che accade sullo schermo. Questo è un processo necessario per poterci godere il film e la bravura di un regista sta tutta nell'aiutarci a compiere questo processo. Lo abbiamo già scritto ma è giusto ribadirlo: un film non ha nulla a che fare con la logica, la coerenza o la realtà ma noi riusciamo a crederci e ad emozionarci per quello che succede come se fosse reale. Viceversa, se il film è fatto male non riusciamo a innescare la sospensione dell'incredulità e di conseguenza iniziamo a vedere tutta l'illogicità e la falsità di quello che accade e usciamo dalla sala insoddisfatti e con la convinzione di aver assistito a una boiata pazzesca (per parafrasare una nota battuta di Fantozzi). Sarebbe come vedere il trucco durante uno spettacolo d'illusionismo; noi assistiamo a questi spettacoli perché vogliamo essere ingannati ed è curioso pensare a come, anche nella realtà, spesso vogliamo essere ingannati. Apprezziamo un politico non perché dice la verità, che probabilmente non ci piacerebbe; ma perché ci coccola con ciò che vogliamo sentirci dire. Tornando ai film si potrebbe dire che specialmente negli ultimi anni, il cinema è diventato molto più violento e pessimista e ci racconta storie di miseria, malattia e morte anche nei prodotti per ragazzi, nei film dei supereroi; se in passato prevaleva una visione del mondo simile alla fattoria del mulino bianco, oggi l'intrattenimento sembra seguire le notizie del telegiornale che dispensa paura e terrore mentre siamo comodamente seduti a tavola e viviamo una curiosità quasi morbosa per i fatti di cronaca. Dall'altra parte, ciò che dovrebbe farci ridere o rilassare appare sempre più stupido, spesso nemmeno divertente per un ragazzino, figuriamoci per un adulto; eppure noi ridiamo lo stesso, ci adeguiamo al pensiero unico. Sono soltanto cambiati i tempi o ci sono delle strategie dietro al più grande e miliardario circo dell'intrattenimento? È "soltanto un film" o si tratta di una delle più potenti armi di manipolazione a disposizione di quei burattinai invisibili di cui abbiamo parlato finora? Normalmente la tendenza sarebbe quella di evitare un tale quesito con una risatina ironica pensando che chi l'ha posto deve essere un paranoico ma se siete arrivati a questo punto del libro, la spia del dubbio dovrebbe essersi accesa; diamo allora uno sguardo dietro le quinte.

È importante prima di tutto fare alcune distinzioni: c'è un errato pensiero comune che assegna alle varie categorie dell'intrattenimento, dal cinema, ai videogiochi, lo status di innocuità. Per restare nell'ambito filmico, ogni persona messa davanti a un film si sente abbastanza matura da ritenersi non influenzata in alcun modo e sempre padrona dei propri pensieri. I casi in cui una pellicola è riuscita a influenzare gruppi di persone come ad esempio gli episodi di violenza ed emulazione che si sono verificati dopo l'uscita di "Arancia Meccanica" e che hanno costretto Stanley Kubrick a ritirare il film dalle sale inglesi, o gli episodi di intolleranza religiosa scaturiti dal film: "L'ultima tentazione di Cristo" di Martin Scorsese, sono percepiti come episodi isolati da attribuire a persone mentalmente instabili; fanatici, estremisti etc. Anche se questo è vero in molti casi, ci si dimentica comunque di vedere il quadro generale ponendosi una semplice domanda: "Perchè alcune persone arrivano al punto di manifestare comportamenti così estremisti?" Ricordiamoci di quanto abbiamo appreso dai vari esperimenti sociali che hanno indagato sui nostri automatismi. Quanti e quali stimoli o sollecitazioni ha subito e accumulato per l'intero arco della sua vita un individuo prima ad arrivare al momento in cui, preso da un'ideologia o da una serie di valori distorti, scatena dei comportamenti estremisti?

Forse non è così immediato comprendere che lo scopo della propaganda non è tanto quello di creare folle impazzite di gente violenta, ma di far passare idee, costruire opinioni, disegnare valori morali, indottrinare le preferenze e i gusti del pubblico nell'arco del tempo e, aggiungo, di abituare le folle alla violenza, alla paura, e a eventi che poi si verificano per davvero in modo da avere successivamente un maggior controllo di questi meccanismi. Il più grande successo di un'operazione propagandistica non è certo quello di creare un individuo che quando esce dalla sala dopo aver visto "Rambo" inizia a sparare con un mitragliatore a chi gli sta antipatico, ma lo è invece il riuscire a creare schiere di individui convinti che la propria opinione di esseri autonomi sia ad esempio quella di considerare "giusta" o "necessaria" una guerra, riuscendo, come abbiamo già detto, a considerarla nella loro mente una autentica "Missione di pace". Portandoli quindi ad accettare definizioni senza che la mente trasmetta alcun segnale contrastante, perché il senso critico è stato spento come un interruttore.

Il cinema, grazie alla sua capacità di creare delle illusioni, è uno dei mezzi più potenti per veicolare i messaggi della propaganda e uno dei primi a comprenderne le potenzialità fu proprio Adolf Hitler che commissionò alla regista tedesca Leni Riefenstahl[203], il compito di realizzare un documentario che testimoniasse il congresso del partito nazista a Norimberga[204]. Il prodotto che ne uscì, lungi dall'essere una documentazione della realtà, fu uno dei prodotti di propaganda più emotivamente coinvolgenti mai realizzati fino a

___

203 https://en.wikipedia.org/wiki/Leni_Riefenstahl
204 https://en.wikipedia.org/wiki/Triumph_of_the_Will

quel periodo.

La Riefenstahl utilizzò tutte le tecniche e trucchi del cinema per costruire un vero film con sequenze non girate sul posto, ma in set appositi che resero questo film un'esperienza potente che ancora oggi risulta efficace in modo assai inquietante[205].

Che il cinema sia stato utilizzato come mezzo di propaganda non è una novità né un gran mistero; a parte quella nazista, dai tempi della seconda guerra mondiale la propaganda è stata utilizzata massicciamente anche nel cinema americano che ha reclutato i migliori artisti; da Walt Disney, che realizzò vari cartoni animati di propaganda come ad esempio: "Education for Death"[206], a Frank Capra ma non solo, fu ingaggiato anche Alfred Hitchock[207] e fa pensare il fatto che simili giganti del cinema (e del brivido) furono incaricati di girare vari film di propaganda; alcuni che mostravano i campi di concentramento nazisti; c'era bisogno di questi maestri per mostrare l'orrore che si era consumato in quei posti? Un qualsiasi reporter professionista non andava bene? Il fatto è che si sono reclutati degli autentici fuoriclasse, i migliori del loro tempo; artisti che hanno prestato il loro talento e la loro capacità di manipolare le emozioni indirizzando i pensieri verso gli scopi della propaganda di Stato.

Ma il cinema di propaganda in tempo di guerra è un tema noto e frutto di molti studi facilmente reperibili, che trattano l'argomento in modo esauriente, e analizzano le tecniche manipolatorie usate, rivelandosi quindi utili strumenti per comprendere ad esempio la differenza tra propaganda bianca (esplicita e facilmente individuabile alla fonte), propaganda nera (nascosta, che veicola messaggi tramite l'utilizzo di simbologie le cui fonti rimangono celate), e propaganda grigia (che apparentemente proviene da fonti neutrali e indipendenti come per gli esempi riportati in questo libro sulla terza parte). Ciò di cui si sente la mancanza, è un nutrito numero di studi o approfondimenti sugli effetti e l'uso massiccio delle moderne tecniche di propaganda in tempo di pace, nel cinema di oggi. Iniziamo allora a riportare un fatto che probabilmente non è molto conosciuto: il go-

---

205 https://youtu.be/SH9AkBFjpy0

206 https://en.wikipedia.org/wiki/Education_for_Death

207 https://digitalcommons.liberty.edu/cgi/viewcontent.cgi?referer=&httpsre
   dir=1&article=1124&context=masters

verno americano era talmente consapevole del potere del cinema come strumento di manipolazione delle masse, che nel 1953, per iniziativa del presidente Eisenhower, viene fondata l'agenzia U.S.I.A. (United States Information Agency)[208].

Grazie a questo ufficio viene creato un collegamento diretto tra Hollywood, il pentagono e Washington; lo scopo dichiarato è il seguente:

"...Influenzare le attitudini e le opinioni del pubblico estero in modo da favorire le politiche degli Stati Uniti d'America... e di descrivere l'America e gli obiettivi e le politiche americane ai popoli di altre nazioni in modo da generare comprensione, rispetto e, per quanto possibile, identificazione con le proprie legittime aspirazioni... e dimostrare e documentare di fronte al mondo i disegni di coloro che minacciano la nostra sicurezza e cercano di distruggere la libertà"[209].

L'agenzia si occupa quindi di utilizzare le tecniche di propaganda attraverso il cinema per influenzare il pensiero, le attitudini, le opinioni del pubblico straniero. Non fa mistero dei suoi intenti poiché la legge americana permette le operazioni di propaganda a patto che siano rivolte all'estero mentre, all'epoca, vietava categoricamente di compiere operazioni propagandistiche di persuasione verso i propri cittadini. Questa differenza importante nella legge Americana creò non poche polemiche; molti osservatori giustamente fecero notare che se un film è colmo di messaggi propagandistici, occulti o meno, finirà inevitabilmente per influenzare anche il cittadino statunitense. E infatti nel corso degli anni si leveranno molte voci e accuse sulle attività dell'Usia[210] che porteranno a diverse modifiche della legge[211] con il risultato che Hollywood si trasformerà ben presto in uno dei più potenti laboratori di propaganda in grado di diffondere i suoi modelli tanto sul territorio che nel resto del mondo. Grazie all'Usia

208 https://en.wikipedia.org/wiki/United_States_Information_Agency

209 https://web.archive.org/web/20160311194750/http://www.underwater-echoes.com/?page_id=427

210 https://news.google.com/newspapers
nid=888&dat=19720405&id=OfwmAAAAIBAJ&sjid=xmADAAAAIBAJ&pg=3694,4121776

211 https://en.wikipedia.org/wiki/United_States_Information_Agency

sono stati creati uffici di collegamento diretti tra il pentagono e Hollywood; esperti militari si occupavano di approvare sceneggiature, suggerire modifiche nei dialoghi, nelle narrazioni e decidere se appoggiare e sostenere o meno con finanziamenti, mezzi, aiuto logistico e consulenti vari i film in produzione. Anche se le attività dell'Usia sono ufficialmente cessate il primo ottobre 1999[212] probabilmente anche a causa delle molte polemiche, è abbastanza chiaro, osservando la produzione cinematografica da quell'anno in poi, che quel filo diretto con gli ambienti militari e di guerra psicologica, si è decisamente intensificato ed è lecito pensare che in realtà la mossa sia stata soltanto politica ma che l'attività continui sotto altre forme più invisibili. Ad esempio viene tranquillamente certificato che una delle sezioni dell'agenzia che si occupava della propaganda tramite i Broadcasting media, sta continuando la sua attività in modo indipendente (come un'entità separata dal Dipartimento di Stato)[213].
È abbastanza difficile comprendere quanto invasiva e determinante è stata la propaganda cinematografica nella nostra società se non riportando alcuni esempi concreti. Ricordo quanto rimasi sconvolto da bambino quando i miei genitori mi accompagnarono al cinema a vedere "Terremoto"[214], un film del filone catastrofico molto in voga all'epoca in cui il terribile "Big One", il sisma che da sempre gli americani aspettano con terrore, colpirà Los Angeles, distruggendo completamente la città. Il film è del 1974 ma nelle sale italiane uscirà nel 1975 e fu presentato con un innovativo, quanto fortemente pubblicizzato: "Effetto Sensoround". Oggi siamo abituati agli effetti sonori "Dolby Digital" o "DTS" delle moderne sale in cui gli spettatori sono letteralmente circondati da casse acustiche che trasmettono un'esperienza incredibilmente immersiva, ma all'epoca l'audio di un film proveniva da una singola fonte posta dietro lo schermo cinematografico. Fu una sorpresa quindi, per i miei occhi di bambino, entrare nella sala e vedere un numero incredibile di diffusori appesi alle pareti posteriori del cinema.
Non fui l'unico a uscire scioccato da quell'esperienza, anche molti

---

212 https://en.wikipedia.org/wiki/United_States_Information_Agency
213 https://en.wikipedia.org/wiki/
    United_States_Information_Agency#Abolition_ and_restructuring
214 https://www.imdb.com/title/tt0071455/

138

adulti ne furono profondamente colpiti; non si trattava soltanto del rombo del terremoto che faceva vibrare le sedie grazie a quei diffusori; c'era un diffuso senso di angoscia crescente che aveva attanagliato l'intero pubblico e che non accennava a cessare nemmeno a distanza di alcuni giorni dalla visione del film. Ma la cosa incredibile si verificò l'anno successivo, quando il terremoto arrivò sul serio e colpì violentemente il Friuli[215] venendo percepito benissimo anche in tutto il veneto e scatenando scene di panico che non mi toglierò mai dalla memoria. Interi palazzi di 16 piani evacuati con moltissime persone che per alcuni mesi si accamparono con tende e roulotte rifiutandosi di rientrare in casa. Terrore che poi si ripresenterà mesi dopo con le scosse di settembre. E nel mezzo di questo incubo, la maggior parte delle persone che abitavano nella mia zona avevano in testa una sola immagine: quella del film visto un anno prima. Era il ricordo di quella pellicola che aumentava a dismisura la sensazione di paura anche se nel veneto non c'erano stati danni. Dovettero trascorrere molti anni prima che scoprissi qual'era il segreto oscuro di quel film capace di imprimersi nell'immaginario collettivo in modo così potente. Il tanto blasonato "Effetto Sensoround", altro non era che una frequenza bassa a 16 Hertz che proveniva direttamente dai sistemi di tortura utilizzati dalla CIA; frequenze inudibili all'orecchio ma in grado di traumatizzare profondamente molti spettatori senza che questi ne sapessero il motivo[216]; una delle tecniche piu' utilizzate nella guerra psicologica e nel lavaggio del cervello era arrivata in aiuto al filone dei film catastrofici per decretarne il successo.

Un esempio di influenza negli usi e nelle mode della società è rappresentato dal campione di incassi "Top Gun", finanziato e fortemente voluto dalla marina Americana e affidato alla sapiente regia di Tony Scott che con il fratello Ridley, si occupava con successo da moltissimi anni di spot pubblicitari. Top Gun provocò un'escalation incredibile di arruolamenti volontari in America ma rimase nell'immaginario comune in tutto il mondo. Nonostante si trattasse di un film apertamente, anzi, spudoratamente di propaganda, frutto del periodo Reaganiano, dopo la sua uscita (1986) anche in Italia esplose la moda del giubbotto Avirex (mostrato nel film) e dei ray-

---

215 https://it.wikipedia.org/wiki/Terremoto_del_Friuli_del_1976
216 "Catastrophe, The end of the cinema" (Annan D.1975)

ban a goccia così come quella di mettersi a giocare a BeachVolley nelle spiagge; queste naturalmente, sono soltanto le ricadute più esplicite che riguardano le mode e le abitudini della gente, ma i messaggi di propaganda del film non si fermano qui e tendono anche ad influenzare i concetti morali veicolando messaggi che definiscono gli standard e le regole dell'onore, del rispetto, del ruolo della donna e molto altro; figure e stereotipi che a poco a poco entrano a far parte del nostro immaginario e dell'idea che ci formiamo del mondo.

Quanti modi subdoli esistono per orientare le opinioni? Ci sono ad esempio tecniche basate sulla sottrazione, cioè sul "non mostrare"; facciamo un altro esempio: "Munich" il film realizzato nel 2005 da Steven Spielberg[217]. Si tratta di un ottimo film senza dubbio, realizzato con la ormai famosa maestria di questo regista, ma è anche un film che utilizza metodi di propaganda piuttosto subdoli per orientare il nostro giudizio sui fatti cui assistiamo.

Il film, basato su eventi reali, racconta la reazione Israeliana all'attentato delle olimpiadi di monaco del 1972 in cui un commando palestinese prese in ostaggio la squadra olimpionica israeliana con esiti drammatici. L'azione di ritorsione denominata "Ira di Dio" fu eseguita in vari paesi dai servizi segreti del Mossad[218].

Apparentemente il film non prende chiaramente le parti di nessuno, si tratta di una pellicola molto cruda che nelle intenzioni vuole soltanto raccontare gli eventi mostrando, senza giustificarla, tutta la violenza generata da ideologie o amor patrio. Spielberg dedica anche una sequenza a un incontro fortuito tra terroristi palestinesi e agenti segreti israeliani in cui entrambi espongono le loro ragioni. Film imparziale quindi? Niente affatto; l'opera di propaganda è a livello sottile e come dicevamo gioca sulla sottrazione. Nel film abbiamo modo di vedere non soltanto gli uomini del servizio segreto israeliano e la loro determinazione e brutalità; ma anche le loro famiglie. Vediamo le mogli, le amanti, le mamme; la figura femminile nell'interezza del suo ruolo a ricordarci che queste persone sono simili a noi, hanno i nostri stessi desideri, sogni e aspirazioni e sono quindi piene di umanità e che prima di questi eventi conducevano

---

217 https://www.imdb.com/title/tt0408306/?
218 https://it.wikipedia.org/wiki/Massacro_di_Monaco

un'esistenza normale.

Le cose cambiano quando si visualizza la prospettiva palestinese; mentre si cerca in apparenza, di esporre anche le loro ragioni, non viene mai mostrata alcuna donna; la figura femminile in questo caso è completamente assente. Gli uomini palestinesi sembrano non avere famiglia, non ci sono sequenze di normalità, di figli, di mamme. Inconsciamente siamo portati a percepire i palestinesi soltanto come guerrieri e non come padri di famiglia a differenza di come vengono dipinti i loro antagonisti. Credo sia superfluo ricordare che un professionista del calibro di Steven Spielberg non ha certo fatto queste scelte in modo inconsapevole.

Ci sono film come il già citato Top Gun che sono apertamente propagandistici nell'esaltare sia il comparto militare che gli Stati Uniti e quindi facilmente inquadrabili mentre altri utilizzano tecniche molto più subdole e presentano trame o personaggi utili a far circolare idee e opinioni necessarie al sistema e al potere. Ma anche quei prodotti che in apparenza si mettono di traverso apparendo come film di denuncia, di rottura, o che comunque vogliono in qualche modo rivendicare una opposizione al sistema, sono in realtà piuttosto infidi. Il problema sta nel fatto che questa enorme mole di pellicole che sforna hollywood, in un modo o nell'altro è propedeutica nell'abituarci a situazioni che, nel momento in cui, si verificano nella realtà ci trovano già assuefatti e passivi. Servono anche come valvola di sfogo e alterano sempre e comunque il nostro senso della realtà. Tempo fa un caro amico mi disse:

"La funzione di Hollywood è quella di ridefinire le leggi della fisica in modo che poi la gente si convinca di vivere in un cartone animato".

Sembra una battuta ma in realtà le cose stanno proprio così. Per molto tempo mi sono interrogato sul perché la maggior parte delle persone ha accettato i crolli delle torri gemelle, l'undici settembre del 2001, senza porsi il minimo dubbio sul fatto che i due giganti di 400 metri ciascuno si siano completamente polverizzati.

Foto N.41 Top Gun di Tony Scott 1986, il film finanziato dalla marina degli Stati Uniti, lancia la moda del giubbotto Avirex; rilancia la moda dei Rayban a goccia e provoca un'ondata di arruolamenti volontari.

Com'è possibile che il pubblico non abbia avvertito una evidente incongruenza tra la percezione che si dovrebbe avere di un crollo strutturale e ciò che poi è effettivamente avvenuto? C'è un motivo per cui dalla stragrande maggioranza della gente sembra sia scomparso qualsiasi barlume di spirito critico?

Ci sono voluti anni e migliaia di ingegneri per dimostrare che la versione ufficiale dei fatti è falsa e contraria a qualsiasi legge della fisica e principio scientifico[219]. Una versione però che il pubblico ha ingoiato, grazie anche al martellamento dei media, dopo che lo spirito critico e la normale logica erano stati sapientemente spenti come un interruttore; lo shock dell'evento ha paralizzato le coscienze di molti, ma una volta superato lo shock? Perché la maggior parte di noi non è riuscita a porsi delle domande? In realtà una delle spiegazioni risiede proprio nell'abitudine e nell'indottrinamento che il nostro cervello ha subito vedendo migliaia di sequenze simili. Quanti grattacieli abbiamo visto crollare, esplodere, polverizzarsi per colpa di un meteorite, di attacchi alieni o di terroristi assortiti? Immagini simili hanno attraversato talmente tante volte la nostra mente che inconsciamente accettiamo quei crolli perché sono stati assimilati dal nostro immaginario collettivo (ricordiamo sempre le parole di Le Bon). Non ci domandiamo se un grattacielo può disintegrarsi a quel modo. Crediamo sia possibile perché da qualche parte lo abbiamo già visto succedere e il nostro inconscio lo sa; quel tipo di immagine è stata assimilata, l'abbiamo vista migliaia di volte al cinema ma essendo ormai parte del nostro immaginario, nel momento in cui la vediamo accadere realmente il nostro cervello non farà più alcuna distinzione tra realtà e fantasia, anzi, davanti allo shock cercherà disperatamente qualcosa che confermi e che dia una spiegazione, a quanto stiamo vedendo. Attingerà di conseguenza a quell'archivio di immagini e informazioni apprese passivamente davanti alla tv o a uno schermo cinematografico. Quel terribile giorno, le testimonianze della popolazione di New York andavano praticamente a senso unico: "Sembrava di vivere in un film", dicevano tutti.

---

219 http://www.consensus911.org/it/chi-siamo/

Foto N.42 Independence Day di Roland Emmerich – 1996. I palazzi si disinte-grano a partire dall'alto verso il basso, come nella dinamica del crollo delle torri gemelle durante gli attentati dll'11 settembre 2001.

Foto N.43 Tuono Blu di John Badham – 1983. I missili che colpiscono due palazzi simili alle torri gemelle ricordano da vicino gli impatti degli aerei sulle torri stesse.

Foto N.44 e N.45 Armageddon di Michael Bay – 1998. Nella sequenza di New York che si svolge di mattina, un bolide colpisce per prima la torre nord (come avverrà negli attentati). In una inquadratura successiva si vedono entrambe le torri colpite mentre si levano colonne di fumo nero; un'immagine che diventerà reale tre anni dopo imprimendosi nella memoria collettiva.

Foto N.46 11 settemebre 2001, il momento dell'impatto del secondo aereo mentre l'altra torre, colpita 15 minuti prima libera nell'aria una colonna di fumo nero.

Foto N.47 La polverizzazione della torre Sud che parte dall'alto e proseguirà fino a terra

Recentemente, grazie alla legge americana sulla libertà di informazione (FOIA) sono stati desecretati alcuni documenti che dimostrano il ruolo attivo avuto dal pentagono nel finanziamento e nella realizzazione di circa 1100[220] pellicole[221]. Non si tratta esclusivamente di finanziamenti; come già abbiamo scritto a proposito dell'USIA, parliamo di vere e proprie collaborazioni riguardo la stesura e anche l'approvazione di sceneggiature, la fornitura di mezzi, addirittura di addestramento.

Un altro esempio in cui possiamo vedere l'uso della narrazione per normalizzare concetti che nella realtà risultano inaccettabili, e in cui possiamo assistere all'apertura di una finestra di Overton, è rappresentato dal thriller d'azione: "The Accountant" di Gavin O'Connor. In questo film del 2016 si racconta la storia di un bambino autistico che oltre ad essere un genio della matematica in grado di fare complicatissimi conti a memoria, grazie all'addestramento rigido del padre che militava nei Marines, diventa anche una sorta di arma letale; un autentico superuomo in grado di tenere testa da solo a un esercito. È interessante notare che nel momento in cui il governo americano si trova in difficoltà per i risarcimenti miliardari dovuti a famiglie che hanno avuto figli danneggiati dalle vaccinazioni (più di 4 miliardi di dollari già erogati a fronte di oltre 100 miliardi in cause già aperte)[222] e in un paese che sta subendo una vera epidemia di autismo[223] con gli ultimi dati che portano i casi a un bambino ogni sessanta, quando solo pochi anni prima si attestavano a un bambino ogni centocinquanta e, negli anni ancora precedenti, nell'ordine di uno ogni migliaio; con tassi di crescita decisamente inquietanti[224], escano film come questo che dopo aver trasformato un autistico in una specie di supereroe, affrontano direttamente il problema sugge-

220 https://www.academia.edu/4460251/
    Complete_List_of_Commercial_Films_Produced_with_Assistance_from_th
    e_Pentagon

221 https://www.independent.co.uk/voices/hollywood-cia-washington-dc-films-
    fbi-24-intervening-close-relationship-a7918191.html

222 http://www.renovatio21.com/danni-da-vaccino-usa-4-miliardi-di-dollari-in-
    risarcimenti-in-crescita-come-le-morti/

223 https://www.independent.co.uk/news/world/americas/donald-trump-says-
    vaccinations-are-causing-an-autism-epidemic-10505087.html

224 https://www.ncbi.nlm.nih.gov/books/NBK332896/

rendo nuove e tranquillizzanti spiegazioni. Alla fine del film infatti, assistiamo a un curioso dialogo tra il medico che aveva avuto in cura il protagonista del film quando era ancora un bambino e che ha a sua volta una figlia autistica (che combinazione è un genio del computer capace di penetrare anche i segreti della Cia), e una coppia di genitori con l'ennesimo bambino autistico che si rivolge alla clinica gestita dal medico. Il dialogo recita più o meno così:
"Nostro figlio non parla, è come fosse sparito, gli serve aiuto, speravamo recuperasse ma non è successo", afferma la mamma disperata al medico che bonariamente risponde: "In questo paese viene diagnosticato un caso di autismo a un bambino su 68" Il medico nomina apertamente l'autismo e snocciola un dato esatto (per l'anno in cui è uscito il film); ovviamente si dimentica di aggiungere che questa statistica è stata resa nota dai centri di controllo sanitario degli stati uniti nel 2014 e che, se confrontata con quella del 1980, mostra un dato allarmante dato che all'epoca veniva diagnosticato un caso ogni 10.000 bambini[225]. Lascia semplicemente cadere dall'alto questa notizia dei casi di autismo come se fosse sinonimo dei tempi che cambiano. Ma il suggerimento che arriva direttamente dal medico, ed è importante ricordare che anche se si tratta di un film, la figura di un medico è comunque rivestita di una certa autorevolezza, è il seguente: "Se lasciate perdere per un attimo quello che vi hanno detto i pediatri e i -non autistici-, pensate se avessimo fatto i test sbagliati per quantificare l'intelligenza dei bambini affetti da autismo? Vostro figlio non è inferiore agli altri, è diverso, le vostre aspettative su di lui col tempo potranno cambiare, potrà sposarsi, avere figli, o forse no, ma se lasciamo che sia il mondo a decidere le sue aspettative, saranno certamente scarse; forse vostro figlio può fare più di ciò che sappiamo e forse non sa come dircelo, o forse siamo noi che non abbiamo imparato ad ascoltare".
Questi discorsi non sono certo casuali o partoriti dalla fervida immaginazione di qualche sceneggiatore; si tratta di una bella lezione di propaganda nello stile ideato da Edward Bernays, e c'è il chiaro intento di normalizzare e far digerire al pubblico una situazione che stava mettendo in serio imbarazzo il governo; in fondo, se ci sono

---

225 https://autismovaccini.org/2014/03/27/nuove-statistiche-per-autismo-1-ogni-68/

tanti bambini autistici è meglio che il popolo si abitui, cambi il suo concetto di normalità, e si consoli pensando che il proprio figlio, in quelle condizioni, può diventare più letale dell'Etan Hunt di Mission Impossible e più scaltro dell'Hacker quindicenne di Wargames. Se ci pensate con attenzione, sono molti i film che dipingono persone autistiche come autentici geni e persone straordinarie con sentimenti più profondi della maggioranza degli esseri umani; solo per citare un altro esempio sui tanti disponibili, vi ricordate di Rain Man? Il film con Tom Cruise e Dustin Hoffman? Ma innumerevoli sono i messaggi e le sottotrame che un film è in grado di veicolare; quando la Walt Disney lanciò il blockbuster d'animazione "Aladdin", tratto dai racconti "Arabian Nights" si innescarono diverse polemiche; il lungometraggio uscì nelle sale Alla fine del 1991, mentre infuriava la prima guerra del Golfo. Ci credereste che questo film per bambini fu distribuito non a caso in quel periodo e che si trattava chiaramente di un film di propaganda contro i popoli arabi?
Eppure le cose stanno proprio così; le prime polemiche scoppiarono a causa della canzone iniziale del film e nel dettaglio per alcune frasi che suscitarono proteste di razzismo perché utilizzavano stereotipi negativi sul popolo Arabo obbligando così la Disney a rivedere i testi producendo una seconda versione del brano incriminato[226]. Ma anche se a fare scalpore furono le parole scritte per la canzone introduttiva, osservando il film si può notare chiaramente che tutti gli arabi sono caratterizzati in modo estremamente negativo, sia nei tratti somatici che nei comportamenti, fatta eccezione per il protagonista che è stato disegnato prendendo a modello un attore come Tom Cruise[227], simbolo occidentale per eccellenza, la principessa Jasmine, e il padre bonaccione. Le altre donne arabe presenti nel film inoltre sono dipinte come oggetti di piacere (e prostitute) in entrambe le scene in cui appaiono; all'inizio quando Aladino per fuggire dalle guardie finisce in quello che sembra essere un bordello e tre avvenenti ragazze seminude si rivolgono a lui dicendogli che non può permettersi i loro servizi[228], e durante il pezzo musicale che presenta il genio in cui si mostrano sempre ragazze avvenenti e di-

226 https://www.latimes.com/archives/la-xpm-1993-07-10-ca-11747-story.html
227 https://www.simplemost.com/tom-cruise-inspired-disneys-aladdin/
228 https://lightshadowslight.blogspot.com/2012/07/is-disney-racist.html

sponibili che il genio può fargli avere se esprime un desiderio; in
questo caso si vede Aladdin nel gesto di palpare il sedere a una delle
ragazze mentre lei lo dimena sensualmente. La stessa Jasmine, unico
personaggio femminile apparentemente libero da questi stereotipi,
viene fortemente caratterizzata come oggetto di piacere nel momento in cui è rapita da Jafar.

Per concludere questa brevissima panoramica, vorrei riportare un
caso emblematico di propaganda in cui l'operazione non è da attribuire al film in sé (che lavora su altri concetti che in questa sede non
analizzerò), ma riguarda il doppiaggio eseguito in Italia; si tratta della pellicola: "The Millionaire"[229] distribuita nel 2008, cioè nel pieno
dei conflitti che vedevano coinvolta l'organizzazione terroristica Al-
Qaeda e la propaganda partita dopo gli attentati dell'11 settembre
contro i popoli arabi e mussulmani in genere. Il film narra la storia
di Jamal e Salim, due bambini di Mumbai a cui una schiera di fondamentalisti religiosi uccide la mamma. La sequenza è straziante[230], e
assistiamo a una banda di fondamentalisti induisti che attaccano un
villaggio di mussulmani. Nella versione originale del film si sente la
frase: "They are muslims, get them!" (Sono mussulmani, prendeteli)
pronunciata da uno degli assalitori; ma nel doppiaggio italiano, la
frase viene spostata a una delle vittime e recita: "Sono mussulmani,
scappiamo!"[231]. Ovviamente non si tratta di un errore ma di un cambiamento inserito di proposito; inoltre, i nomi Jamal e Salim sono
inequivocabilmente islamici ed è sufficiente osservare i costumi, per
chi li riconosce, o ascoltare il film in lingua originale per capire che
le parti sono state invertite. Non è possibile stabilire da chi sia partito l'ordine di manipolare il doppiaggio, ma di certo si può immaginare, in quel momento storico, quanta gente al cinema avrà pensato
male dei mussulmani rafforzando l'idea di personaggi violenti e pericolosi così come descritti quotidianamente dalla televisione.

Quelli riportati qui rappresentano soltanto alcuni esempi; come abbiamo visto, Hollywood è un laboratorio di propaganda utilizzato
dal governo, dai servizi segreti e dai militari fin dagli anni 50 ma la

---

229 https://www.imdb.com/title/tt1010048/?
230 https://youtu.be/Xn8PKheX8PE
231 https://saritalibre.it/loppio-dei-popoli-e-i-suoi-spacciatori-laici/

propaganda nel cinema richiederebbe un libro a parte per essere sviscerata in modo esauriente. Tuttavia credo che quanto mostrato sia sufficiente a far comprendere qual'è il nocciolo del problema: il nostro immaginario non aveva mai subito un bombardamento simile a quello in continua escalation degli ultimi 100 anni: suoni e immagini a ciclo quasi continuo; storie e valori che vengono veicolati costantemente attraverso il cinema, la TV, i videogiochi e tutti gli altri mezzi di comunicazione di massa. Se a questo aggiungiamo il fatto che questi mezzi sono usati sempre più spesso dalla moderna propaganda in modo volutamente manipolatorio, dovremmo chiederci quanti dei nostri pensieri, gusti, opinioni, tendenze, sono liberi da condizionamenti e quanti derivano invece da una miriade di substrati che ci sono stati incollati addosso fin dalla nascita. Per questo è importante sviluppare un pensiero critico e approfondire i nostri meccanismi mentali; ci serve capire come questi automatismi vengono sfruttati da chi sapientemente manipola la creazione di immagini, suoni e musica. Questo può essere un buon inizio per non subire autisticamente questa marea di stimoli e per non fare la figura degli imbecilli che sorridendo enunciano: "...Tanto è solo un film..." per poi trovarsi a indossare un capo firmato con la convinzione che: "piace a noi a prescindere" (senza trovare strano che tutti indossino le stesse cose ripetendo esattamente le stesse frasi), o peggio, ritrovarci immersi (come sta succedendo) in un pensiero unico dominante che pretende di omologarci non ammettendo nessuna forma di dissenso perché il solo esercizio della ragione diventa una scusa per l'emarginazione o il ridicolo. Ripensiamo all'esperimento di Ash; non dobbiamo temere il nostro essere fuori dall'ortodossia, ma dovremmo spaventarci nel momento in cui siamo disposti a mentire a noi stessi pur di ritrovarci con quello che pensano tutti gli altri e non dimenticate mai che: "una guerra è e sarà sempre una guerra; non potrà mai essere una missione di pace".

Foto N.48 e N.49 Nella prima immagine, il braccio sinistro di Aladdin con la mano aperta a palmo scivola dietro il sedere della ragazza. Nella seconda immagine, mentre Aladdin assume un'espressione soddisfatta, la ragazza inizia a dimenare il sedere sulla mano del personaggio. La sequenza dura circa un secondo e passa inosservata ma come vedremo nel prossimo capitolo, il nostro cervello la recepisce benissimo trasmettendo le sensazioni a livello sub-cosciente.

Il 60% di tutte le comunicazioni umane è non verbale: linguaggio del corpo.
Il 30% è nel tono. Vale a dire che il 90% di quello che si comunica...
Non esce dalla nostra bocca.
(Dal film Hitch)

C'è una tecnica di manipolazione mentale piuttosto controversa che ha sempre innescato molte polemiche, finendo per essere bollata come una paranoia senza alcun fondamento scientifico; si tratta delle immagini subliminali e, normalmente, chi ne parla sostenendone l'efficacia o mostra attenzione verso questa tematica, viene subito etichettato come un imbecille che crede ai complotti e a tutte le scemenze di questo mondo compresa la terra piatta. È sempre interessante vedere come certi argomenti, piuttosto che essere affrontati tranquillamente con delle semplici argomentazioni a favore o contro, suscitino invece reazioni rabbiose e denigratorie, ed è anche curioso il fatto che, nonostante l'atteggiamento denigratorio tenuto in genere dai media dell'informazione verso quella che viene considerata una pseudoscienza, gli addetti ai lavori: pubblicitari, cineasti, gli stessi media televisivi e certamente gli Spin Doctors, incuranti dell'apparente non scientificità di tali metodi, ne facciano largo uso utilizzandoli dappertutto. Bollare come idiozia il ricorso a immagini subliminali quando in realtà vengono utilizzate in continuazione sia nella pubblicità che nel cinema e come vedremo anche in televisione, dimostra soltanto due cose: o la scarsa intelligenza di chi denigra, dato che non riesce a utilizzare un minimo di buon senso e di pensiero logico e analitico; o una consapevole volontà di sminuire una potente tecnica di indottrinamento nel tentativo di non sollevare troppa polvere attorno a una pratica tanto efficace quanto scorretta e potenzialmente perseguibile penalmente. Tuttavia è vero che non si riescono a trovare molti dati ufficiali che dimostrano la validità dell'utilizzo di immagini subliminali e la ricerca in merito è scarsa; ci sono pochi studi e non appaiono conclusivi. Ma questo ovviamente non sta a significare che non siano stati realizzati studi e test atti a validarne l'efficacia. Il fatto che i pubblicitari, solo per fare un esempio, continuino a progettare immagini simili sta a significare che il professionista è ben conscio di ciò che sta facendo e utilizza determinate strategie perché i corsi di comunicazione a cui molti grafici partecipano, le prevedono.

Abbiamo già visto come si possono manipolare le emozioni in modi invisibili e come, ad esempio, una frequenza inudibile inserita in un film possa contribuire a creare uno stato di ansia e malessere. Abbiamo parlato del suono, dell'immagine, del cinema; potremmo aggiungere che perfino la scelta del colore in un film non è mai casuale e risponde a criteri ben precisi perché in grado di scatenare nel pubblico reazioni emotive[232]. L'uso del colore è anche ben noto nel marketing e in quello che viene chiamato: neuromarketing[233]. Quindi la reticenza nell'accettare che anche un'immagine subliminale possa avere effetti tangibili nella sfera emotiva è abbastanza incomprensibile. Nel tentativo di capire un po' meglio di che cosa si tratta, dobbiamo tornare alle origini di questa storia e raccontare l'evento che renderà pubblica la ricerca e la sperimentazione sulle immagini subliminali innescando un dibattito che dura ancora oggi e decretandone contemporaneamente lo status di bufala per creduloni e cretini assortiti.

Nella seconda metà degli anni cinquanta, James Vicary[234], un ricercatore nel campo del marketing che era finanziato dall'industria pubblicitaria, asserì di aver condotto un esperimento in un cinematografo di Fort Lee nel New Jersey[235]. Vicary disse di aver inserito un singolo fotogramma che appariva a intervalli regolari per un terzo di millisecondo durante la proiezione del film. Il fotogramma, troppo veloce per essere percepito a livello cosciente, recitava alcuni slogan pubblicitari del tipo: "Mangia popcorn" e "Bevi Coca Cola". Secondo Vicary, questo martellamento inconscio protratto per sei settimane, aveva incrementato la vendita dei prodotti suggeriti negli slogan del 58%. L'annuncio fatto da James Vicary ebbe molta riso-

---

232 https://www.premiumbeat.com/blog/manipulate-emotions-with-color-in-film/
233 https://neilpatel.com/blog/the-psychology-of-color-how-to-use-colors-to-increase-conversion-rate/
234 https://en.wikipedia.org/wiki/James_Vicary
235 Ibidem

nanza e da quel momento si creò un grande interesse attorno alle immagini subliminali; I Risultati annunciati dal ricercatore spinsero la CIA a scrivere un rapporto intitolato: "Il potenziale operativo della percezione subliminale"[236].

Alcuni test successivi tenuti da altre aziende non portarono però i risultati sperati e nel 1962, Vicary, ritrattò in parte le sue asserzioni sull'efficacia di tale tecnica. Rilasciando un'intervista per la rivista di settore Advertising Age infatti, il ricercatore confessò che si trovò costretto ad anticipare i tempi a causa della forte richiesta di nuove idee che veniva dal mercato in quel momento. Se ne uscì quindi con la tecnica del subliminale prima di essere veramente pronto. Le sue ricerche, disse, erano state minime e necessarie ad ottenere un brevetto ma non potevano essere considerate significative. Vicary giustificò questa sua rivelazione con il fatto che la società da lui fondata, la "Subliminal Projection Co" era ormai stata chiusa e non c'era quindi alcun motivo per non dire la verità.

Queste ammissioni assieme all'impossibilità di replicare l'esperimento tentato da altri enti, bollarono l'intera ricerca come priva di fondamento scientifico. Tutto risolto? No per niente; le ricerche scientifiche sugli effetti della stimolazione subliminale proseguono ancora oggi nonostante ci sia una certa reticenza da parte di alcuni ambienti nell'indagare il fenomeno in modo più approfondito (proprio a causa dell'alone da pseudoscienza che circonda l'argomento). Varie ricerche hanno in realtà dimostrato che la stimolazione subliminale ha un fondamento scientifico[237] anche se non nei termini esposti da Vicary.

John Bargh[238] e altri ricercatori che hanno condotto numerosi test, hanno potuto verificare l'efficacia di una stimolazione subliminale. Per farla breve, non basta scrivere: "Mangia Popcorn" per innescare il comportamento desiderato, ma si possono stimolare diverse sfere emotive e favorire nel soggetto determinati comportamenti o atteg-

---

236 https://study.com/academy/lesson/james-vicary-experiment-lesson-quiz.html

237 https://www.researchgate.net/publication/331562257_subliminal_messages_and_their_impact_on_young_peoplÈs_consumption_beliefs_and_attitudes

238 https://www.sciencedirect.com/topics/neuroscience/subliminal-stimuli

giamenti. Probabilmente è per questo che in pubblicità si fa un gran uso di queste immagini; per il semplice motivo che sono in grado di predisporre favorevolmente il bersaglio. Wilson Bryan Key[239] un esperto di comunicazione presso l'università di Denver, fu un attento ricercatore che si occupò di rivelare l'utilizzo delle immagini subliminali nel marketing e nella pubblicità; il suo libro: "Subliminal Seduction"[240] edito nel 1974 ebbe un notevole successo e il famoso regista Stanley Kubrick, fu talmente colpito da questo testo da studiarlo a fondo per poi utilizzare molte tecniche subliminali nel suo film "Shining"[241].

Abbiamo visto come un'immagine può trasmettere soggezione a partire dall'inquadratura, inviare messaggi non verbali che stimolano i nostri centri emotivi, ingannare l'osservatore grazie a prospettive diverse, suscitare idee e altre immagini quando ci sia stato un indottrinamento verbale legato a quell'immagine che ci viene mostrata. Viviamo immersi nei simboli e negli stereotipi che risultano determinanti nel creare le nostre opinioni. L'immagine o il messaggio nascosto, cioè subliminale, è uno stimolo emotivo in più che si radica nel nostro inconscio assieme a tutto il resto. La quasi totalità delle immagini subliminali utilizzate in pubblicità sono di carattere sessuale e ovviamente non si tratta di scelte casuali; tutto questo si rifà allo schema psicosessuale di Freud e agli studi sulle reazioni fisiologiche registrate (aumento della frequenza cardiaca, risposta galvanica cutanea[242] etc.) quando ci si trova in presenza di immagini erotiche o semi-erotiche. Nel suo saggio: "Programmazione mentale"[243], Eldon Taylor analizza alcune tecniche subliminali che vengono insegnate a chi opera nel neuromarketing.

È interessante seguire il processo per la creazione di una pubblicità al fine di capire come vengono veicolati i messaggi non verbali e subliminali al pubblico; inoltriamoci allora in questo breve e sorprendente viaggio.

239 https://en.wikipedia.org/wiki/Wilson_Bryan_Key

240 https://www.amazon.com/Subliminal-Seduction-Wilson-Bryan-Key/dp/0451061489

241 https://www.imdb.com/title/tt2085910/?

242 https://web.uniroma1.it/lab_nsi/labnsi/tecnologie/risposta-galvanica-della-pelle

243 Eldon Taylor - Programmazione Mentale - Hay House Inc. 2009

Foto N.50 Quello che state osservando è il progetto grafico della fotografia pubblicitaria che dovrà essere realizzata; esso contiene già tutti gli elementi che poi dovranno essere presenti nel lavoro finale. Nel bicchiere, tra i cubetti di ghiaccio sono celate figure di peni eretti, un corpo di donna nudo con il dito della modella che cade esattamente sui suoi genitali e altre figure.
(Immagini e spiegazioni sono tratte da un manuale per operatori nel marketing che è stato analizzato nel libro di Eldon Taylor).

Foto N.51 Questa è la fotografia pubblicitaria realizzata a partire dal progetto grafico; come potete osservare, i cubetti di ghiaccio sono stati manipolati graficamente per adeguarsi al progetto originale.

158

Iniziamo con l'osservare il prototipo pittorico di ciò che poi costituirà il vero cartellone pubblicitario (Foto N.50)[244].

Il grafico ha già inserito tutte le informazioni subliminali che dovranno apparire nella fotografia[245].

Osserviamo ora il risultato nel poster pubblicitario che è stato realizzato (Foto N.51). Osservate con attenzione i dettagli e vediamo come e perché vengono fatte tutta una serie di scelte stilistiche che trasmettono già alcune informazioni e come, la costruzione dell'immagine in se, viene poi implementata con alcune immagini subliminali.

"...Una fotografia mostra una bionda sexy che tiene in mano un cocktail[246]. - Nient'altro che una faccia carina come tante - è l'impatto visivo di quasi tutti gli osservatori... Osserviamo però da vicino la strategia artistica che abbiamo utilizzato per accrescere il potere di suscitare emozioni in questa pubblicità.

In primo luogo, la donna possiede fascino. Le bionde si divertono di più? Le connotazioni implicano che le bionde esercitino maggior fascino sessuale, siano più facili da sedurre e apprezzino il sesso più delle donne con un altro colore di capelli. Dal momento che una sessualità senza mezzi termini rappresenta il tema subliminale di questa pubblicità, il capello biondo contribuisce in qualità di catalizzatore emotivo ad assicurare un'interpretazione sessuale da parte del subconscio di chi lo osserva.

Il satiro sulla collana a girocollo della donna sottolinea ulteriormente l'argomento subconscio dell'annuncio. Esso costituisce infatti un antico simbolo degli istinti di base dell'uomo, del suo primitivo lato oscuro lussurioso. Questo satiro associa la persona che lo indossa a un erotismo istintivo.

Il girocollo stesso rappresenta un'indicazione visiva della sottomissione femminile all'erotismo del satiro. Dal momento che un giro-

---

244 Parte di questo manuale è stato pubblicato su internet a questo indirizzo: http://www.whale.to/c/sub.html

245 https://eldontaylor.com/books/mindprogramming/mindprogramming-additional.html

246 https://eldontaylor.com/books/mindprogramming/mindprogramming-additional.html

collo assomiglia molto a un collare, il suo simbolismo di sottomissione (in questo contesto) è più o meno lo stesso: la donna sarà obbediente e docile come un cane, per cui soddisferà tutti i desideri erotici del suo padrone (l'osservatore). È una schiava del sesso.
Se osserviamo attentamente, vediamo che la bionda regge il bicchiere in maniera strana e discorde. La mano destra è chiusa a parte l'indice il quale viene teso e punta ai cubetti di ghiaccio del cocktail. Nei cubetti di ghiaccio sono stati tracciati con l'aerografo vari simboli erotici (chiaramente visibili nel progetto della prima foto e nelle immagini seguenti Ndr). Questi simboli sono stati studiati per attivare in chi osserva pensieri ed emozioni tabù dal punto di vista sociale. Attivando questi processi mentale profondamente istintuali, assicuriamo al nostro cliente il coinvolgimento emotivo di chi guarderà l'annuncio, del potenziale consumatore. Creiamo desideri in grado di essere soddisfatti unicamente attraverso la consumazione del prodotto. I simboli nei cubetti di ghiaccio forse sembrano invisibili ma le ricerche sull'ipnosi hanno dimostrato che il subconscio ne coglie il 95%. Esso è infatti in grado di assimilare una sbalorditiva quantità di informazioni.
Queste informazioni giungono alla coscienza attraversandone i filtri, perché mascherate in maniera socialmente accettabile. Il resto rimane nel subconscio, dal quale riaffiora in seguito sotto forma di desideri e di bisogni da soddisfare soltanto attraverso un atto di consumo...”[247]

Il pezzo che avete appena letto, è tratto da un manuale riservato agli esperti di marketing che è stato in parte pubblicato anche sul web[248]. Eldon Taylor ne ha riportato alcuni estratti al fine di far comprendere come funzionano gli studi del settore pubblicitario. Ora vediamo come prosegue la spiegazione del progetto di questa immagine pubblicitaria perché è molto interessante.

“...I cubetti di giaccio cui l'indice punta, formano un pene eretto (confrontate le immagini 1 e 2 con le successive 3 e 4 Ndr.)...”

---

247 Eldon Taylor Ibidem
248 Ibidem: http://www.whale.to/c/sub.html

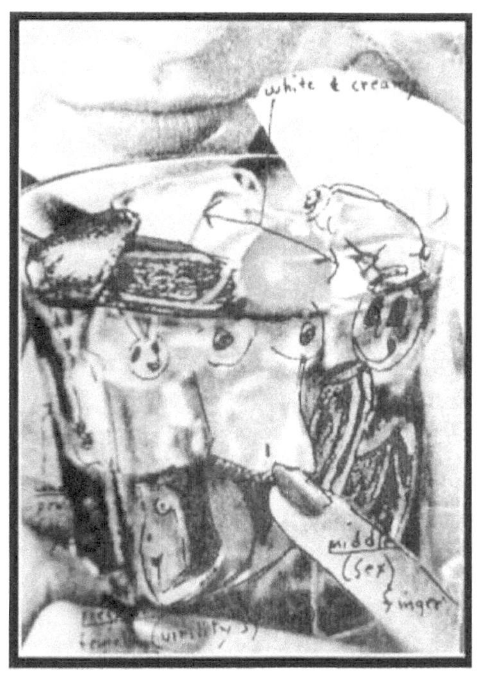

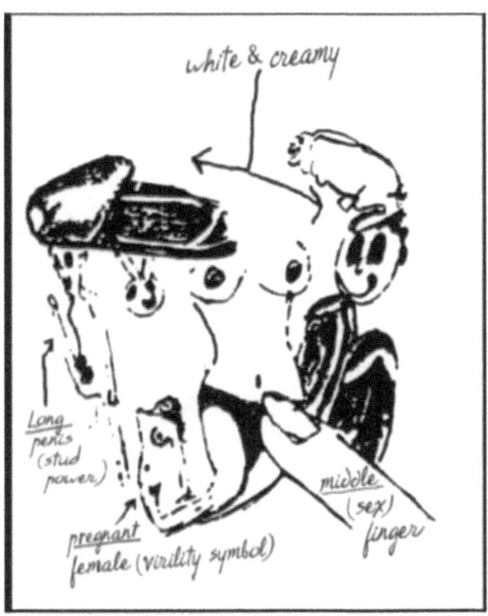

Foto N.52 e N.53 Elementi subliminali inseriti nella fotografia

"...A questi due cubetti è stata data una sfumatura color carne (foto N.51 pubblicità definitiva NdR) e una volta indicati, è facile riconoscerli anche a una distanza di quasi un metro. Si noti come l'angolo del pene sia quello giusto per una corretta e virile erezione. Dal momento che in un bicchiere un pene è considerato tabù, l'immagine verrebbe immediatamente rimossa. La gente vede solo quello che si aspetta di vedere. Le labbra della donna sono alquanto vicine a questo pene eretto e color carne. L'idea di fellatio viene rafforzata dal fatto che il satiro suona un flauto o un oggetto di forma fallica. Il sesso orale rappresenta un qualcosa di comunemente desiderato, una fantasia maschile a ogni età. Ritoccando e inserendo con l'aerografo questo messaggio simbolicamente sessuale, abbiamo elevato un semplice bicchiere di whisky a un potente afrodisiaco. Accanto al pene eretto c'è una ciliegia rossa. Il rosso è un colore caldo, squillante e attivo. Sulla destra di questa ciliegia c'è un coniglio che copula allegramente. Questo animale è un simbolo perfetto di sesso e amore.

Sappiamo tutti che il logo della rivista playboy è il coniglio di facili costumi... Spesso, lodando la bravura sessuale gli uomini sottolineano la capacità della partner di scopare come un coniglio. Si noti che la zona con i cubetti di ghiaccio attorno al pene turgido del coniglio è bianca e cremosa. Anche la zona con i cubetti di ghiaccio sopra la ciliegia è bianca e cremosa anziché trasparente. Nel contesto palesemente sessuale di questa pubblicità, l'aspetto bianco e cremoso si riferisce alla cremosa bianchezza dello sperma. Chiaramente, l'eiaculazione conseguente la fellatio avrà successo e questo accrescerà il fascino virile del prodotto. Sotto il coniglio che copula appare un volto umano allegro e sorridente a simboleggiare una bevanda che ha un buon sapore e rende felici. È inoltre collegato al piacere del sesso orale, giacché si lecca le labbra pregustandone la gioia. Sotto al volto sorridente compaiono altri peni in vari stadi di eccitazione sessuale. Alla sinistra di questi peni in erezione ci sono alcune forme femminili con grosse mammelle. Contribuiscono ad attivare l'impulso materno e istintivo di suzione associato al principio del piacere. Le forme femminili stimolano visivamente qualunque desiderio sessuale represso in chi le guarda.

Il dito medio sinistro della modella tocca chiaramente l'area genitale della forma femminile dal grosso seno. Il medio è associato al sesso e a gesti di natura sessuale come in - fottiti - perché il termine racchiude una connotazione sessuale che implica il rapporto. Il dito medio che tocca i genitali viene interpretato a livello subconscio come indicante un carattere bisessuale o birichino (sempre pronto a divertirsi). Dal momento che le fantasie maschili spesso includono atti di lesbismo, ci siamo presi la libertà di aerografare questa seduzione visiva nel repertorio sessuale che la nostra maliziosa modella sfodera per tentare chi la osserva.

In precedenza abbiamo affermato che il satiro e il girocollo indicavano la disponibilità della modella a sottomettersi sessualmente alle fantasie dell'osservatore. Per rafforzare questa interpretazione di sottomissione abbiamo detto alla modella di guardare verso l'alto. Lo sguardo in alto la colloca in una posizione più bassa rispetto a chi guarda (ricordate l'inquadratura dal basso verso l'alto spiegata in precedenza? Qui il concetto è invertito Ndr). In questo contesto, a livello subconscio interpreteremmo la posizione come in ginocchio o a un livello adeguato per il sesso orale. Le ampie parti bianche degli occhi sono state ritoccate allo scopo di riprodurre l'esatta tonalità bianca e cremosa dei cubetti di ghiaccio. Secondo esaurienti ricerche, il subconscio lo interpreta in questo modo: la modella - ha occhi - per lo sperma che prorompe, apprezza i piaceri dell'orgasmo, possiede un certo voyerismo.

Anche il testo pubblicitario dev'essere collegato al tema dell'erotismo. Verso la metà si legge: - La cosa più liscia dopo la pelle -. Queste parole si collegano alla pelle liscia del pene che la modella indica. Il resto dell'annuncio ha un carattere alquanto sessuale se inquadrato nel contesto subliminale della pubblicità. - Tira fuori il diavoletto che c'è in noi - si riferisce all'idea di liberare i desideri sessuali primitivi e i relativi impulsi in ogni essere umano[249]".

Ho voluto riportare integralmente questo brano tratto da un manuale redatto da un'azienda per la formazione di aspiranti Spin Doctors perché chiarisce le motivazioni e la mole davvero massiccia di immagini subliminali a sfondo sessuale che si possono trovare in molte pubblicità di prodotti ma anche in molti film. Questo scritto

---

249 Eldon Taylor Ibidem

spiega anche l'utilizzo della paura e della violenza con mezzi altrettanto potenti di indottrinamento al fine di promuovere i prodotti; un altro brano recita così:

"...Il sesso e la violenza sono due facce della stessa medaglia e vengono usate senza esitazioni in maniera meticolosamente coordinata per alimentare il regolare sviluppo psicologico delle qualità commerciali. Si tratta di qualità ritenute necessarie per la futura crescita delle aziende. In quanto forza manipolatrice, la violenza è parte integrante di questo approccio sotto controllo..."[250]

Leggendo queste parole nascono domande spontanee sull'estrema violenza dei recenti film per ragazzi come ad esempio quelli dedicati ai supereroi che sembrano aver monopolizzato un certo tipo di cinema e che si ritrovano spesso a subire divieti anche se, in ogni caso, sia i quindicenni che ne fruiscono che i bambini accompagnati dai genitori, si ritrovano immersi in un bombardamento che, in quanto a messaggi (stereotipi/sistemi di valori) e stimoli visivi (ma anche auditivi) è decisamente inquietante; per non parlare della violenza inserita nei moderni videogiochi.

Nel manuale, tra le altre cose, viene analizzata anche una pubblicità di sigarette che per le immagini subliminali inserite non punta al sesso ma fa leva sulla paura; la foto mostra due innamorati in ombra davanti a un tramonto. All'interno dell'immagine sono nascosti volti demoniaci, ragni e altri elementi per incutere paura. I colori del tramonto sono sbiaditi, trasmettono un senso di malato e sono lontani dal calore e dal senso di serenità trasmesso da un vero tramonto; perché queste scelte? Leggiamo un altro breve brano del manuale (questa volta non riporteremo l'analisi completa):

"...Fin dalla sua ideazione nei primi anni sessanta, le strategie subliminali di vendita delle sigarette - XXX - (Marca censurata da Eldon Taylor Ndr) si è basata su una variante della Teoria - vendi l'inferno -. Promettere visivamente all'osservatore la salvezza dalla morte e

---

250 Ibidem

dal rischio di dover cedere l'anima al diavolo, rappresenta un'esca emotiva che abbiamo lanciato in più occasioni, sotto varie forme e per numerosi clienti. Le credenze religiose e l'atteggiamento nei confronti della morte suscitano emozioni più profonde delle strategie sessuali spesso utilizzate... (segue una lunga analisi di ogni elemento che compone l'immagine e che qui omettiamo NdR) ...Dovrebbe ora risultare ovvio anche all'osservatore più superficiale che chi guarda si trova in una pessima situazione... Collocando l'osservatore in una tale situazione di vita e di morte attiviamo al massimo l'istinto di conservazione del subconscio... Davvero in pochi desiderano morire in maniera dolorosa per poi trascorrere l'eternità all'inferno... È a questo punto che sopraggiunge - XXX - (la marca di sigarette NdR).

Si noti che il resto dell'annuncio pubblicitario enfatizza la parola - buono -, la quale viene allineata per tre volte di seguito. L'impatto visivo di - buono - la fa risaltare e la associa alle sigarette XXX. Ponendo l'osservatore in una situazione pessima e promettendo nel contempo la bontà tramite le XXX abbiamo elevato l'immagine delle sigarette, trasformandole da - semplici bastoncini di cancro - a portabili pacchetti di protezione magicamente dotati della capacità di salvare l'anima... Se consideriamo che l'americano medio vede o ode più di ottocento annunci pubblicitari al giorno, tale presa sul pubblico è impressionante.

Poiché bere e fumare costituiscono poste in gioco molto alte, non possiamo permettere che vengano estromesse dal mercato a causa di una qualche mania salutistica... Il bello sta proprio nel fatto che il consumatore paga perché gli venga fatto un lavaggio del cervello..."[251]

Ciò che emerge da questo manuale, è il profondo disprezzo riservato al pubblico, cioè al target di questi messaggi pubblicitari. L'ombra di Bernays e di altri pensatori che considerano il popolo come una massa stupida da sottomettere, manovrare e controllare, aleggia in tutte le strategie dei moderni Spin Doctor.

---

251 Ibidem

Foto N.54 La pubblicità delle sigarette (marchio oscurato Ndr) nasconde molte immagini subliminali per indurre un senso di paura e inquietudine che verrà mitigato dal messaggio pubblicitario.

166

Come abbiamo visto, nonostante l'aura da "leggenda metropolitana" che circonda la tematica delle immagini subliminali, esse vengono utilizzate massicciamente in pubblicità e anche attraverso i media di intrattenimento; ora vi mostrerò brevemente alcuni esempi ma prima vorrei invitarvi a riflettere su una domanda: "Non è quantomeno strano che questa tematica sia spesso derisa o trattata come argomento di scarso interesse quando, negli studi più autorevoli sulla propaganda, compresi quelli sul nazismo, si enfatizza e si ritiene molto importante l'utilizzo della simbologia e della strategia delle immagini nel manipolare i popoli?" Le Bon e Bernays, come abbiamo visto, ne parlano apertamente e qui non ci troviamo davanti a nulla di diverso in realtà. Ma svelare l'inganno rende inefficace replicare il trucco, specialmente se il pubblico inizia ad accorgersi di tali manipolazioni e probabilmente è proprio per questo che si tende a non approfondire troppo certe tematiche; per non renderle manifeste a tutti.

In un elenco telefonico (pagine gialle) di Brighton, verso la metà degli anni novanta apparve un annuncio pubblicitario apparentemente innocuo. Tempo dopo alcuni osservatori si resero conto che la figura femminile ritratta nell'annuncio, presentava alcune stranezze come ad esempio una posa innaturale del braccio destro e un collo insolitamente lungo. Quando si scoprì che bastava capovolgere il disegno per rivelare un'immagine completamente diversa, si innescarono parecchie polemiche che portarono la ditta D.J. Flooring a rimuovere l'annuncio pubblicitario[252].
Ma che cosa mostrava questo disegno? Se si osserva l'immagine capovolta oscurando la testa della donna appare chiaramente la figura di una donna che si sta masturbando.

---

252 https://www.snopes.com/fact-check/i-am-curious-yellow-pages/

Foto N.55 L'annuncio apparso nell'elenco telefonico di Brighton che fu rimosso dopo la scoperta di un messaggio subliminale visibile capovolgendo l'immagine.

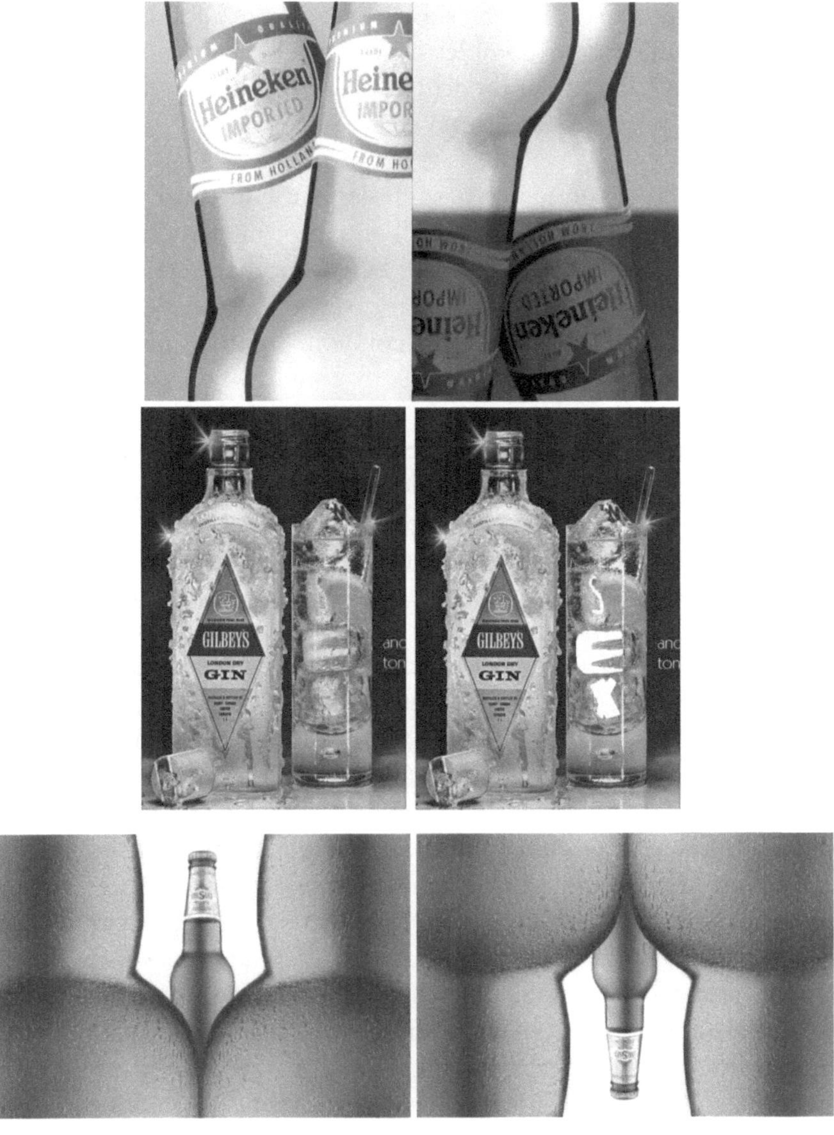

Foto N.56, N.57 e N.58 Esempi di pubblicità subliminale visibile attraverso il rovesciamento dell'immagine o, tramite la modifica della fotografia come nel caso dei cubetti di ghiaccio.

Ci sono centinaia di esempi che potete rintracciare sul web di pubblicità che utilizzano tecniche subliminali a volte abbastanza elementari, altre volte molto complesse come nell'esempio che abbiamo presentato in cui, oltre ai ritocchi in post-produzione, c'è uno studio sui colori, la posa, l'inquadratura etc.

Una curiosa ossessione verso simbologie e contenuti sessuali la ritroviamo nei cartoni animati per bambini e in particolare nei prodotti Disney. Tra la fine degli anni 80 e la prima metà degli anni 90 ho lavorato alla Disney Italia come sceneggiatore di fumetti. Ho scritto varie storie che vedevano coinvolti i paperi, personaggi che ho sempre amato, e sono entrato in contatto con molti artisti di grande talento. Una cosa che mi colpì all'epoca, era l'ossessiva attenzione della redazione verso ogni contenuto che potesse anche lontanamente riguardare contenuti sessuali; soltanto per fare un esempio, in una storia fu imposto al disegnatore di cancellare i manici degli ombrelli che uscivano da un portaombrelli perché potevano ricordare dei falli maschili. In un'altra occasione, era stata commissionata una storia ambientata in una valle famosa per alcune formazioni naturali di pietra, che si ergono come colonne verso il cielo e hanno un masso sulla sommità, e che possono essere visitate nella regione turca della Cappadocia[253]. Il disegnatore si documentò riproducendo fedelmente l'ambientazione ma la redazione gli impose di rifare tutto perché quelle rocce erano troppo simili a dei falli in erezione. Il risultato finale si allontanò dall'idea di fare cultura dato che fu disegnato un ambiente del tutto inventato e non rispondente a quello reale a causa di questa eccessiva "Attenzione" della redazione verso contenuti che potessero richiamare qualsiasi idea di sessualità. Mi capitò anche di vedere alcuni scherzi che vennero inseriti di nascosto in alcune vignette da alcuni disegnatori ribelli, ma lo scrupoloso controllo redazionale portò velocemente alla luce questi scherzi che furono corretti dai censori, e che si risolsero, in alcuni casi, con l'allontanamento dell'artista che si ritrovò improvvisamente con un contratto invalidato e senza lavoro.
Questa era la redazione della rivista Topolino gestita dalla Mondadori che successivamente, nel 1989, fu rilevata direttamente dalla

---

253 https://en.wikipedia.org/wiki/Cappadocia

Disney diventando: Walt Disney Italia.

Conoscendo il maniacale controllo della Walt Disney americana sui suoi film che, per il grande numero di professionisti che lavora a una pellicola, esercita una verifica decisamente molto più accurata e stretta sui contenuti che produce rispetto a una redazione che si occupa di un giornale a fumetti, trovo difficile credere che l'enorme quantità di contenuti nascosti e ammiccanti alla sessualità che si possono ritrovare nella sua produzione sia casuale. Ovviamente non lo è; tutte le pellicole disneyane (ma come ho detto anche molti cartoni animati di altre produzioni) sono letteralmente disseminate di queste immagini indicando una precisa volontà e una ricerca grafica che richiede lavoro e progettazione.

Un caso famoso e controverso è quello relativo al film: "Bianca & Bernie" in cui in due fotogrammi appare la fotografia di una donna a seno nudo con la testa di un demone; fu la stessa Disney a far circolare la notizia asserendo che nessuno dei loro artisti aveva inserito quell'immagine[254] che, a detta loro, era stata aggiunta da qualcuno in postproduzione (piuttosto difficile da credere). Di fatto la Disney ritirò dal mercato dell'home video più di tre milioni di copie del film per sottolineare la sua responsabilità nei confronti delle famiglie, per poi distribuirne una nuova versione rivista. Molti sospettarono che questa storia fosse una trovata di marketing perché il film non stava ottenendo delle buone vendite mentre, come è ovvio, dopo il presunto scandalo le vendite aumentarono sensibilmente[255]. Di fatto però l'immagine era presente fin dalle prime copie in pellicola distribuite al cinema nel 1977 mentre la controversia apparve soltanto dopo la sua pubblicazione in video nel 1992[256] e più precisamente nel 1999, dopo la seconda edizione in video. Anche se questa storia fa riflettere, l'episodio potrebbe essere ingannevole perché non riporta a una strategia perseguita dalla Disney ma viene ufficializzato come un errore o a caso. Distoglie quindi da ciò che appare in tutti i suoi prodotti e che fa parte integrante della progettazione e del disegno come in alcuni esempi visibili nella pagina seguente.

---

254 https://www.youtube.com/watch?v=YZU7QtAtfAE
255 https://www.snopes.com/fact-check/the-rescuers-topless/
256 https://en.wikipedia.org/wiki/The_Rescuers

Foto N.59 uno dei due fotogrammi in cui è visibile la donna a seno nudo nel film della Walt Disney Bianca & Bernie del 1977

Foto N.60 Fotogramma tratto dal film: "Il libro della giunla" (1967). La parte posteriore del corpo della pantera nera Bagheera, è disegnata come un enorme fallo che si trova tra le gambe del bambino, a ridosso dei suoi genitali.

Foto N.61 Fotogramma tratto dal cortometraggio: "Topolino e il fagiolo magico" (1947). Quando l'albero magico di fagioli sale al cielo, nel momento in cui attraversa le nuvole, assume la forma di un grande fallo eretto che penetra una vagina; la sequenza è breve ma inequivocabile.

Foto N.62 una porzione del cartello pubblicitario del film: "Ribelle" (2012). L'estremità dell'arco della protagonista è modellata a forma fallica.

173

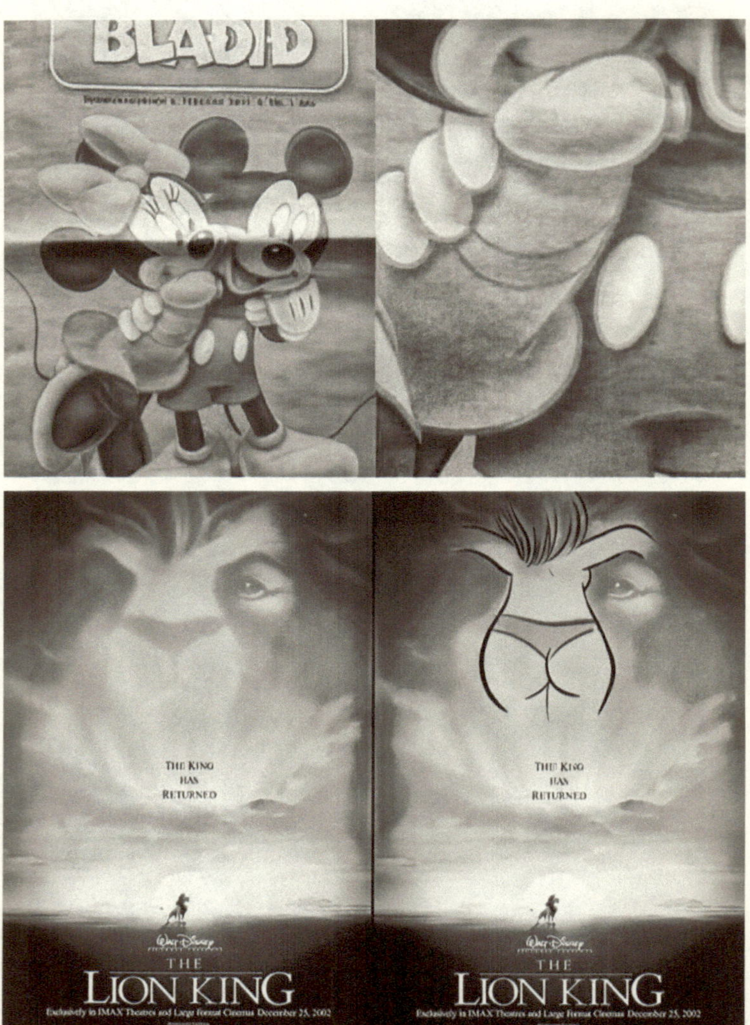

Foto N.63 Immagine tratta da una rivista Disney; il corpo di Minnie è modellato a forma di fallo eretto con la mano di topolino che lo afferra e la punta che cade sulla bocca di Minnie.

Foto N.64 Cartellone pubblicitario del film: "Il re leone" (1994). L'immagine subliminale mascherata nel volto evanescente del leone mostra un corpo di donna con il sedere e i fianchi in evidenza.

Si potrebbe continuare per molto tempo; sono letteralmente centinaia le immagini nascoste con espliciti riferimenti alla sessualità che si possono trovare nella produzione Disney ed è proprio l'inserimento massiccio di questi riferimenti che escludono la casualità o lo scherzo di qualche artista buontempone. Come abbiamo visto si tratta semplicemente di strategie di marketing anche se può risultare difficile afferrare il senso di tali strategie in dei film dedicati ai bambini. Ma se vi ricordate la filosofia che sta alla base delle idee elaborate da Bernays e soci, che ci ricordano la necessità di indottrinare e controllare le masse, capite che si tratta di un lavoro che inizia dall'infanzia e si protrae lungo l'arco della vita. Di fatto, siamo immersi in una costante propaganda che viene veicolata attraverso la politica, l'informazione, l'intrattenimento e l'apprendimento scolastico; ricopre ogni aspetto della nostra società e si tratta di un bombardamento ininterrotto. Le tecniche utilizzate sono molteplici, includono il linguaggio e l'intera sfera sensoriale ed emotiva; sono per la maggior parte del tutto invisibili e come abbiamo visto, in molti casi, si radicano profondamente nel tessuto sociale tramutandosi in credenze che non hanno nulla di reale o scientifico.

L'immagine subliminale non è una specie di magia che ordina a qualcuno di fare o pensare a qualcosa; fa invece parte di un lento indottrinamento che attraverso la stimolazione dei sensi, l'associazione delle immagini, ci porta a sviluppare opinioni e tendenze. Gli esperti di "Guerrilla Marketing" Jay Conrad Levinson e Paul R.J. Hanley[257], nelle loro lezioni ribadiscono l'importanza di rivolgersi alla mente inconscia perché:

"...Il cervello si avvale di immagini per aiutare la mente conscia a capire..."[258].

Un altro concetto elaborato per il guerrilla marketing, in grado di penetrare letteralmente la mente, è la ripetizione; ripetizione di idee, slogan, immagini, suoni etc.

Nel martellamento costante che subisce la nostra mente inconscia,

---

257 Jay Conrad Levinson e Paul R.J. Hanley - Guerrilla Marketing – Castelvecchi Editore 2007

258 Ibidem

c'è un continuo dialogo in cui l'inconscio elabora e trasmette informazioni alla mente conscia. L'immagine nascosta o subliminale va inquadrata in questo contesto; è un parlare alla parte più acuta e attenta del nostro cervello che però lavora a nostra insaputa fino a quando l'informazione non viene trasferita al nostro "Cosciente". Non per niente si parla di "Neuromarketing", pratica che si avvale delle conoscenze acquisite dalle neuroscienze.

12   Vendere la paura

La paura è un'emozione complessa e non sempre sgradevole. Fin da bambini proviamo attrazione verso quello che ci fa paura e ognuno di noi ricorda quel perverso desiderio di vedere un film spaventoso, che ti fa saltare sulla sedia e battere forte il cuore; così come la sadica voglia di spaventare qualcuno ma in fondo anche di essere spaventati noi stessi, o di provare l'emozione di qualche attrazione estrema nei luna park.

Se si ha la consapevolezza di trovarsi in una situazione di sicurezza, la paura risulta divertente perché è un modo per provare emozioni forti, che ci inebriano con potenti scariche di adrenalina e ci fanno sentire vivi. Pensate alla popolarità delle serie televisive che trattano tematiche "thriller" o al fatto che secondo una classifica dei libri bestseller redatta nel 2009, su quindici libri, tredici erano thriller o horror[259].

La paura stimola la secrezione di adrenalina scatenando un impulso primordiale e istintivo che gli americani chiamano: "Fight or flight" (combatti o fuggi). Questo riflesso, a sua volta, produce epinefrina, un ormone e neurotrasmettitore che determina una sensazione di piacere estremo[260]. Se ne avete l'occasione, chiedete conferma ai cosiddetti: "drogati di adrenalina", quelli che praticano sport estremi e imprese pericolose. Martin Lindstrom[261] che il Time ha considerato tra le 100 persone più influenti del 2009 e che è stato consulente per aziende come Mc Donald's, Microsoft e Procter & Gamble, ci informa che il neuroscienziato Allan Kalueff dell'università finlandese di Tampere ha riscontrato una parziale sovrapposizione nelle aree del cervello coinvolte nell'elaborazione del piacere e della paura.

---

259 Martin Lindstrom - Le bugie del marketing - Hoepli 2012
260 Ibidem
261 https://en.wikipedia.org/wiki/Martin_Lindstrom

Mentre la neuroscienziata Kerry Ressler dello Yerkes National Primate Research Center, afferma che l'amigdala[262], la centrale della paura del nostro cervello, si attiva come in una situazione reale ma poiché la corteccia sa che non ci troviamo in un vero pericolo (guardando un film per esempio), la scarica di energia risulta piacevole anziché spaventosa[263].

La paura ha però anche altre caratteristiche; innanzi tutto è contagiosa, si tratta di un vero e proprio condizionamento; come spiega Michael Lewis, direttore dell'istituto per lo studio dello sviluppo infantile di New Brunswick: "...Se percepiamo timore negli altri, lo proviamo a nostra volta..."[264]. Joseph LeDoux del centro per la "neuroscienza della paura e dell'ansia" presso la New York University spiega che: "Veniamo al mondo sapendo già come avere paura, perché il nostro cervello si è evoluto in modo da interagire con la natura"[265].

I neuroscienziati sanno bene che la paura è anche molto più potente della razionalità e della ragione; come ho scritto all'inizio di questo libro è un meccanismo che serve a proteggerci da situazioni che mettono a rischio la nostra vita ed è stato fondamentale per la nostra evoluzione. Il problema però risiede proprio in questa modalità automatica che si attiva perché certi automatismi fisiologici legati alla paura provocano una modificazione del flusso sanguigno; la stessa modalità di respirazione che si attiva, provoca un minore afflusso di sangue al cervello rendendoci incapaci di mantenere un pensiero lucido. Si potrebbe dire, in parole povere, che la paura ci rende più stupidi; in uno studio intitolato: "The Extended Parallel Process Model"[266] è stato rilevato che le persone esposte a messaggi che fanno appello alla paura, riflettono attentamente sulle reazioni proposte e poi seguono i consigli del messaggio persuasivo nel tentativo di neutralizzare il pericolo. In pratica, la paura è uno dei metodi di persuasione più potenti e ogni Spin Doctors, che si occupi di marketing, politica o informazione lo sa.

---

262 https://it.wikipedia.org/wiki/Amigdala
263 Martin Lindstrom ibidem
264 Ibidem
265 Ibidem
266 https://en.wikipedia.org/wiki/Extended_parallel_process_model

Per il potere, ma anche per molte aziende, un contagio globale che venga propagandato efficacemente rappresenta un'occasione da non farsi scappare. Nel 2003 un'influenza potenzialmente letale come la SARS che ebbe origine in Cina diffondendosi poi in quaranta paesi, scatenò, grazie anche al martellamento dei media, un'ondata di panico in tutto il mondo; nel 2009 arrivò il virus H1N1 (la suina) e la dichiarazione di pandemia dell'OMS e nuovamente il mondo piombò nel panico. Credo sia inutile ricordare che già da molti anni il cinema ci aveva preparato a epidemie catastrofiche che annientavano l'umanità o peggio, la trasformavano in zombie. Il nostro immaginario collettivo era già pronto a ricevere il giusto input e gli stregoni dell'informazione fecero il resto. Oggi ci siamo dimenticati di quelle epidemie e sappiamo che i media avevano gonfiato oltremisura le notizie giocando sul panico e spingendo la gente a credere che il mondo fosse sull'orlo del collasso. Ma prendiamo ad esempio il settore del marketing; quale effetto hanno avuto quelle ondate di panico nella vita di tutti noi e nella nostra quotidianità? Lindstrom ci aiuta a comprendere alcuni dati importanti raccolti negli Stati Uniti: il gel igienizzante per le mani è diventato un'abitudine quotidiana e nel 2011 si prevedeva di superare i 402 milioni di dollari di profitti entro un paio di anni (solo negli Stati Uniti). Questi gel sono improvvisamente diventati disponibili dappertutto; dagli aeroporti, alle edicole, ristoranti, etc. Milioni di persone hanno preso l'abitudine di uscire con una bottiglietta o uno spray in tasca o nella borsetta. La celebre Vicoria's Secret[267] e altre aziende hanno trasformato gli antibatterici in accessori di moda[268]. A questo punto la semplice logica è diventata un optional; non importava che gli antibatterici fossero del tutto inutili contro la SARS e la suina perché la paura di un contagio invisibile fece presa nelle paure più profonde e radicate delle persone. Il gel Prell per le mani incrementò le vendite del 50%, le salviette Clorox del 23%. A quel punto le strategie di marketing miravano anche a convincere la gente che i vari prodotti fossero indispensabili e affidabili, da utilizzare assieme a una necessaria prevenzione; se volevi salvarti la vita non potevi fare a meno dei loro prodotti. La Kleenex ha immesso tempestivamente nel mercato una linea di faz-

---

267 https://www.victoriassecret.com/it/
268 Martin Lindstrom ibidem

zoletti che promettevano di uccidere il 99,9% dei virus del raffreddore e dell'influenza nel giro di quindici minuti; le catene come Amazon iniziarono a vendere kit di protezione contro la suina, dvd educativi, purificatori ionici e mascherine per il viso griffate[269]. Ovviamente i kit di protezione contenevano oggetti del tutto inutili come salviette igienizzanti, mascherine chirurgiche e una tunica celeste. All'epoca nessun ente sanitario né l'organizzazione mondiale della sanità si sognò di consigliare questi orpelli o di ritenerli utili contro il virus ma l'aspetto ospedaliero e professionale attentamente studiato dagli esperti di marketing fu efficace e sufficiente a decretarne il successo.

La Kellogg's tentò di sfruttare il momento lanciando in commercio una nuova linea di cereali con la scusa che tra antiossidanti e nutrienti, i nuovi prodotti avrebbero garantito un rafforzamento del sistema immunitario dei bambini; peccato che dentro ci fosse anche il 40% di zucchero raffinato che come sappiamo è un autentico veleno per l'organismo. La polemica che seguì costrinse la Kellogg's a negare di aver fatto leva sulla paura per lanciare i suoi prodotti ma nel 2009, dopo continue pressioni sulla loro pubblicità negativa, decisero di ritirare la linea di cereali con antiossidanti aggiunti[270].

Come fa notare Lindstrom, seminare il panico è una delle tattiche preferite dai giganti commerciali come Walmart, Kohl's e Target che si avvalgono dei servizi dell'agenzia "Weather Trends International" per trarre profitto dall'ansia generata dalle previsioni di uragani, incendi, tormente di neve e vari eventi meteorologici estremi, modificando l'assortimento delle merci[271].

Tramite la paura, ci viene venduta qualsiasi cosa, dai farmaci ai detersivi; proviamo a stilare un elenco delle cose di cui abbiamo paura? Direi che abbiamo paura dell'economia, di perdere il lavoro, di non riuscire a pagare il mutuo, dell'abbandono, di perdere la compagna o il compagno, dell'alito cattivo, delle ascelle puzzolenti, della solitudine, di non avere amici, di non essere sessualmente all'altezza, che ci venga una malattia, di invecchiare, dei terroristi, dei batteri, dei virus; temiamo di parlare troppo o troppo poco, di non essere simpa-

---

269 Ibidem
270 Ibidem
271 Ibidem

tici, di non accorgercene... Insomma, la lista è lunga e potrebbe continuare per molto. Il consulente di branding Gavin Johnson che basa il suo lavoro sulla scienza del comportamento sostiene che molti brand sfruttano la "Paura panoramica"; la sensazione cioè di aver completamente perso il controllo che spinge i consumatori alla disperata ricerca di un conforto[272].

Gli Spin Doctors creano molte di queste paure e ne amplificano altre perché sono estremamente funzionali tanto al potere quanto al marketing; ma ora voglio farvi una domanda: essendo arrivati a questo punto, come mai tra mille paure non temiamo anche qualcosa che rappresenta davvero un potenziale pericolo come, ad esempio, le informazioni sensibili che ci riguardano? Alcuni di voi sono ancora convinti che la privacy non sia un problema se uno "Non ha nulla da nascondere"? Ho utilizzato questa espressione appositamente perché è stata diffusa dalla propaganda e ormai assomiglia a un mantra ripetuto a memoria quando si tenta di avvertire qualcuno sui pericoli rappresentati dai social network e da tutte quelle pratiche che ci portano a concedere i nostri dati a chiunque. Nel momento in cui una qualsiasi azienda o multinazionale arriva a conoscerci meglio di quanto ci conosciamo noi stessi, incrociando un'incredibile quantità di dati che lasciamo un po' dappertutto anche soltanto navigando in internet, creando delle profilazioni psicologiche accurate dei nostri gusti, delle nostre tendenze, delle nostre idee e delle nostre paure; riuscite a comprendere quale strumento di potere si ritrovano per le mani questi operatori invisibili e senza scrupoli? Lo sapevate che prima dell'avvento di internet le aziende pagavano delle persone per andare nei comuni e raccogliere dati anagrafici dei cittadini? Era in auge un vero mestiere, il cacciatore di dati. In una vecchia trasmissione del programma report, in cui si indagò su questo fenomeno, un dirigente di azienda ammise che i dati privati delle persone costituivano una risorsa per cui si era disposti a pagare qualsiasi prezzo.

Se in passato la ricerca scientifica rappresentava un'enorme risorsa per i governi e le aziende, oggi si è aggiunto un elemento assai inquietante. Grazie ai social network e all'uso di applicazioni sul tele-

---

272 Ibidem

fono, ci siamo trasformati in soggetti disposti a fornire ogni genere
di dati permettendo anche l'ascolto ambientale con i dispositivi tipo
Alexa o attraverso gli stessi smartphone. Forse mai come oggi dovrebbe risultare lampante che nonostante la propaganda che continua a venderci l'idea di un mondo malato a causa del capitalismo o
del liberismo, in realtà si sta concretizzando il sogno di uno statali-
smo sempre più estremo di stampo socialista, in cui l'ossessione del
controllo da parte del potere è sempre più esplicita e invasiva e in
cui i nostri diritti di individui vengono spazzati via con il nostro
consenso per renderci allo stesso tempo prodotti e consumatori,
piegati a un pensiero unico dominante che va oltre le fantasie di Orwell e del suo 1984. È ora di ricominciare a pensare criticamente.

13   Le Forze oscure

Ragionare e convincere, com'è difficile, complicato e laborioso!
Suggestionare? com'è facile, veloce ed economico!
(Santiago Ramón y Cajal)

Il premio Nobel Francis Crick[273] l'ha definita: "l'ipotesi sorprendente"; l'idea che tutti i sentimenti, i pensieri e le azioni umane, persino
la stessa coscienza, siano soltanto i prodotti dell'attività neurale nel
cervello[274]. A mio modesto avviso questa affermazione fa parte di
quell'ideologia delirante chiamata: "Transumanesimo"[275], ma poco
conta che sia realistica o meno, perché i moderni Spin Doctors e
operatori nel campo del neuromarketing, con questa idea, ci vanno a
nozze.

La propaganda si è sempre avvalsa degli studi e della ricerca sociolo-
gica come abbiamo visto nei vari esempi riportati in questo testo,
ma la nuova frontiera è lo studio del cervello per prevedere e potenzialmente manipolare il comportamento e il processo decisionale
del consumatore o del popolo.

L'interesse per le neuroscienze nei confronti del marketing è decollato a metà degli anni 2000, quando i ricercatori delle scuole di business hanno iniziato a dimostrare che la pubblicità, il branding e altre
tattiche di mercato possono avere impatti misurabili sul cervello[276].
Hilke Plassmann della scuola di business "Insead"[277] ad esempio,
realizzò un test in cui ad alcuni soggetti, monitorati con attrezzature
per il rilevamento delle attività cerebrali, vennero fatti assaggiare tre
tipi di vino identificati da un prezzo differente (dal meno costoso al
più costoso). I risultati dimostrarono che il cervello dei soggetti testati reagiva ai vini in modo diverso, con firme neurali che indicavano una preferenza per il vino più costoso. In realtà, i soggetti erano
stati ingannati perché tutti e tre i vini erano uguali; si trattava cioè

---

273 https://en.wikipedia.org/wiki/Francis_Crick
274 https://hbr.org/2019/01/neuromarketing-what-you-need-to-know
275 https://it.wikipedia.org/wiki/Transumanesimo
276 Ibidem
277 https://faculty.insead.edu/hilke-plassmann/

dello stesso vino. Nel 2011 Martin Lindstrom[278] ha pubblicato un editoriale sul New York Times suggerendo, sulla base dei dati della risonanza magnetica, che il modo in cui gli utenti di iPhone si rapportavano con i loro telefoni era simile all'amore. Questo articolo sollevò un vespaio di polemiche tra gli accademici ma Michael Platt, direttore della Wharton Neuroscience Initiative, afferma che un team dell'Università della Pennsylvania è sul punto di dimostrare che a livello neurale, le persone amano davvero i loro smartphone come affermato da Lindstrom[279] Il fatto è che la ricerca scientifica procede a grandi passi e questo tipo di ricerca in particolare sta comprensibilmente attirando un grande interesse. Soltanto come ulteriore esempio, un team dell'Università di Stanford ha utilizzato la risonanza magnetica per prevedere il successo degli appelli di microcredito e crowdfunding su Internet, e forse non vi sorprenderà sapere che ci sono riusciti meglio dei tradizionali sondaggi[280].

Finora ho cercato di mostrarvi come i professionisti che operano nell'informazione, nella politica, nell'intrattenimento e nel marketing, utilizzino molte tecniche per indottrinare le persone a loro insaputa. Ma ovviamente queste nuove ricerche ci mettono davanti a scenari ancora più spaventosi di manipolazione e tutto questo sta accadendo e procedendo con una totale mancanza di trasparenza nei laboratori di neuroscienza di alcune grandi multinazionali come Google, Amazon o Facebook che ha già effettuato esperimenti senza il consenso dei suoi utenti. Nel 2012 l'azienda di Mark Zuckemberg ha modificato i feed delle notizie di 700.000 utenti al fine di manipolare i loro stati d'animo. Queste aziende stanno assumendo neuroscienziati da molti laboratori e si hanno poche informazioni su quello a cui stanno lavorando, afferma Moran Cerf[281], professore di neuroscienze e business al Northwestern[282]. Il network televisivo NBC e il colosso del cinema e dell'intrattenimento Time Warner hanno unità che operano nel neuromarketing già da molti anni[283].

---

278 https://www.martinlindstrom.com/
279 https://hbr.org/2019/01/neuromarketing-what-you-need-to-know
280 Ibidem
281 https://en.wikipedia.org/wiki/Moran_Cerf
282 https://hbr.org/2019/01/neuromarketing-what-you-need-to-know
283 Ibidem

Inquietante vero? Scoprire tutte queste realtà, e approfondire la storia della propaganda e della sua influenza nelle vite di ognuno di noi, ha rappresentato un autentico trauma per la mia mente; dallo shock iniziale sono passato a una fase di rifiuto; l'idea di dover rivalutare ogni mia conoscenza, opinione e idea sotto questa nuova luce mi risultava inaccettabile. Diventava improvvisamente accattivante la filosofia di Cypher nel film Matrix: "L'ignoranza è un bene". Ma devo ammettere, che superato lo smarrimento iniziale, ho iniziato a sentirmi prima più arrabbiato ma poi via via più consapevole e attento. Questo mi ha permesso di modificare il mio atteggiamento rispetto a molte cose della mia quotidianità e a coltivare uno spirito critico e una maggiore attenzione ai messaggi e alle manipolazioni che arrivano dall'esterno.

Non è certo consolante scoprire di essere un criceto che gira sulla ruota, ma è estremamente gratificante la consapevolezza di poter scendere da quella ruota. La conoscenza può spaventare ma si trasforma anche in un potente strumento di difesa. I fatti che ho narrato in questo libro rappresentano una piccola parte di tutto ciò che attualmente è noto e documentato. Ho voluto fornirvi una panoramica generale che abbracciasse un po' tutti i campi della manipolazione e che, per forza di cose, non può essere esauriente perché ognuno dei capitoli trattati meriterebbe un intero libro. Lo scopo di questo testo però non è quello di approfondire ogni singolo aspetto della propaganda nelle democrazie occidentali, perché la cosa più importante è prendere coscienza di questo attacco quotidiano e invisibile che ha modificato la vita di noi tutti suggerendoci idee, pensieri e opinioni. L'augurio è che una volta preso atto di questa realtà, dopo averne scoperto le metodologie principali, ognuno di noi utilizzi queste conoscenze per riattivare la propria attenzione e svelare in anticipo i tentativi di manipolazione rendendoli così inefficaci.

Ma non vi ho parlato di un altro iceberg gigantesco e tutt'ora sommerso; esistono infatti moltissime psy-op attualmente in corso, che non sono state ancora svelate. Oltre alla propaganda quotidiana ci sono inoltre operazioni che appartengono al passato ma che, almeno in parte, non sono state ancora riconosciute totalmente o indagate a sufficienza. Sono tuttavia riconoscibili grazie alla consapevolezza dei metodi utilizzati e già svelati. In alcuni di questi casi, spesso non esiste ancora una documentazione consultabile e verificabile. Ovviamente, una volta intuita un'operazione psicologica è necessario indagare e trovare conferme e riferimenti attendibili; molti esperti si occupano di questo e anche molti ricercatori indipendenti ma ad esempio, gli attentati dell'11 settembre del 2001 che hanno profondamente cambiato la storia del mondo rappresentano un caso emblematico perché la quasi totalità del giornalismo mondiale ha abbracciato la versione ufficiale dei fatti, proposta dal governo americano, senza sollevare dubbi o domande sulle molte omissioni, distorsioni, falsità e veri e propri depistaggi di quella narrazione. Tutta la ricerca fatta in questi anni è nata e si è sviluppata e coordinata grazie a ricercatori indipendenti, provenienti da ogni parte del mondo, che sono riusciti a dimostrare la falsità di quella versione.

Questa non è la sede per indagare le responsabilità, la verità o le menzogne che hanno caratterizzato uno dei più drammatici attentati della storia e se siete interessati ad approfondire questo evento, vi suggerisco di consultare il sito: 911 Consensus Panel[284], disponibile in molte lingue e dove è riunita tutta la ricerca scientifica, analitica, e i risultati ottenuti dal movimento per la verità sull'11 settembre. Vi consiglio inoltre la visione del film di Massimo Mazzucco: "11 settembre 2001 la nuova Pearl Harbor"[285]. Si tratta di un documentario della durata di cinque ore (ne esiste anche una versione per le sale cinematografiche da tre ore) che racchiude tutte le informazioni essenziali su questo evento presentando tutti i dati disponibili. Sia quelle che contestano la versione ufficiale dei fatti, che quelle che invece la sostengono.

Ma ciò di cui ci occupiamo in questo libro è la propaganda, e l'11 settembre 2001 è stato un evento che ha rivelato anche un'operazione psicologica di massa studiata da abili Spin Doctors. Chiunque sia stato ad organizzare questo evento, sapeva di doverne sfruttare il potenziale simbolico per penetrare a fondo nell'inconscio collettivo, esattamente come ha fatto il nazismo con tutta la simbologia ad esso legata. La scelta della data non è stata certo casuale; per via del sistema di datazione anglosassone, gli americani ricordano quell'evento come il 911. Questo è anche il numero per le emergen-

---

284 http://www.consensus911.org/
285 https://youtu.be/U-bQHnVOfeU

ze negli Stati Uniti; equivale al nostro 113, e quando succede qualcosa di brutto, in America si telefona al 911. Si è quindi voluto esaltare a livello inconscio il senso di allarme e paura che questo numero evoca tutte le volte che qualcuno ricorderà o nominerà quella data.

Secondo Carl Gustav Jung[286], l'inconscio collettivo umano è popolato da istinti archetipi e simboli e come sappiamo, l'applicabilità universale di archetipi e simboli non è sfuggita all'attenzione degli esperti di marketing che hanno capito come il "marchio" (logo etc.) può risuonare con i consumatori attraverso il ricorso a quelle immagini presenti nell'inconscio collettivo. Gli elementi simbolici dell'inconscio collettivo possono manifestarsi tra gruppi di persone perché tutti hanno una connessione a questi archetipi. Una folla può diventare particolarmente ricettiva ai simboli specifici a causa della situazione storica in cui si trova. L'importanza comune del collettivo rende le persone mature per la manipolazione politica, soprattutto nell'era della politica di massa. Jung ha confrontato i movimenti delle masse con le psicosi di massa, paragonandole alla possessione demoniaca in cui le persone, acriticamente, canalizzano il simbolismo inconscio[287]. In questa ottica possiamo vedere il simbolismo legato agli eventi dell'11 settembre; La data contiene il numero 11 che è anche rappresentato dalle torri gemelle che si ergevano come un gigantesco numero 11; il primo volo a colpire la prima torre è stato il volo AA11 (vi sembrano tutte casualità?).

A quali archetipi e simbolismi è legato il numero 11? Il numero undici, assieme al ventidue e al trentatré è un numero maestro e rappresenta la giustizie e il potere acquisito nella sua accezione positiva; mentre nel suo lato negativo rappresenta la paura e la decadenza morale[288]. Il numero inoltre ha alla sua base il 2 (1+1) e Questa combinazione erge il numero 11 a simbolo visionario e profetico. Caratterizzato dalla uguale presenza sia di proprietà maschili che femminili è sovente associato a segreti, legami e vincoli. È il numero degli amori clandestini, degli affari loschi e dei segreti personali[289].

---

286 https://it.wikipedia.org/wiki/Carl_Gustav_Jung

287 https://it.qwe.wiki/wiki/Collective_unconscious

288 https://www.mitiemisteri.it/significato-dei-numeri-simbologia-del-numero/undici-11

289 Ibidem

Interessante vero? Che uno creda o meno alla numerologia non ha alcuna importanza perché, come ben sanno gli Spin Doctors, conta soltanto il fatto che l'utilizzo della simbologia funzioni e sia in grado di collegarsi all'inconscio collettivo provocando ondate emotive e suggestionando le masse. Se qualcuno ricorda quegli eventi, i media nei giorni immediatamente successivi all'attentato, diffusero alcune fotografie in cui, tra il fuoco dell'esplosione dovuta all'impatto dell'aereo, si vedeva un volto demoniaco, mentre in un'altra, tra il fumo nero che usciva da una torre si poteva distinguere il volto di Osama Bin Laden. Ovviamente queste fotografie spacciate per curiosità e coincidenze, facevano parte della narrazione e quasi sicuramente si trattava di immagini ritoccate che, grazie alla loro natura, alimentarono il mito dello scontro del bene contro il male, solleticando l'immaginario del pubblico, provocando reazioni emotive tese ad accrescerne la paura e il senso di disorientamento.

Che ci sia stata una strategia atta a manipolare le coscienze, lo si capisce anche da altri episodi; ad esempio in un documento redatto dai neoconservatori americani nel settembre del 2000 e intitolato PNAC[290] (progetto per il nuovo secolo americano) in cui si delineavano strategie e azioni da attuare per assicurare agli Stati Uniti la supremazia mondiale per il futuro; all'interno del documento, nella parte relativa alla trasformazione della difesa statunitense, appariva una considerazione piuttosto inquietante:

"...Inoltre, il processo di trasformazione, anche se porterà un cambiamento rivoluzionario, risulterà molto lungo, se non si dovesse verificare un evento catastrofico e catalizzante, come una nuova Pearl Harbor..."[291]

Per una curiosa combinazione, nel settembre dell'anno successivo, l'evento catastrofico e catalizzante si verificò realmente e l'11 settembre 2001 fu annunciato da molti cronisti americani proprio

---

290 https://en.wikipedia.org/wiki/Project_for_the_New_American_Century
291 https://web.archive.org/web/20130817122719/http://
    www.newamericancentury.org/RebuildingAmericasDefenses.pdf

come "La nuova Pearl Harbor"[292].

Per chi non conosce la storia, il 7 dicembre del 1941, i giapponesi attaccarono di sorpresa (senza una dichiarazione di guerra preventiva) il porto di Pearl Harbor devastando la flotta americana e decretando l'entrata degli Stati Uniti nel secondo conflitto mondiale. Quell'evento (non privo di ombre) fu ricordato come il giorno dell'infamia. Ora, non vorrei risultare noioso ribadendo l'ovvio; e so che arrivati a questo punto non vi stupirete più di tanto, ma indovinate quale evento si verificò il 21 maggio del 2001?

In quella data, poco prima degli attentati dell'11 settembre, nei cinema americani fu distribuito il colossal propagandistico: "Pearl Harbor"[293].

A soli quattro mesi dal più terribile attentato della storia che verrà paragonato proprio a quell'attacco a sorpresa, venne ricordato a tutti il giorno dell'infamia con un blockbuster imbevuto di retorica e patriottismo che programmò l'inconscio collettivo a ciò che da lì a poco sarebbe accaduto.

Queste ovviamente non sono coincidenze e si inseriscono perfettamente nella sfera delle tattiche utilizzate nelle operazioni psicologiche di propaganda.

Ma abbandoniamo i fatti dell'11 settembre e spostiamoci su un altro terreno non meno preoccupante dove si verificano stranezze non ancora indagate a fondo.

Un fatto interessante e al tempo stesso inquietante, associato al simbolismo e al brand, riguarda la pubblicazione nel 2007, nel sito dell'FBI, di un documento dove vengono rivelati tutta una serie di simboli che vengono utilizzati negli ambienti pedofili per attestare la propria appartenenza e le proprie preferenze. L'utilizzo di questi simboli e loghi è anche un modo, un codice per riconoscersi. Riporto qui sotto un paio di pagine tratte da questo documento pubblico:[294]

---

292 https://www.imdb.com/title/tt3828916/?

293 https://www.imdb.com/title/tt0213149/?

294 https://aceloewgold.com/wp-content/uploads/2016/11/fbi-pedophile-
    symbols.pdf

UNCLASSIFIED//LAW ENFORCEMENT SENSITIVE

**FEDERAL BUREAU OF INVESTIGATION
INTELLIGENCE BULLETIN**
Cyber Division, Innocent Images National Initiative

31 January 2007

(U) Symbols and Logos Used by Pedophiles to Identify Sexual Preferences

(U//FOUO) This intelligence bulletin addresses Crimes Against Children Standing
Intelligence Requirements Set contained in Q-FBI-2200-005-06, HRWC CAC-VI.A.5.

(U//LES) Pedophiles, to include those who sexually abuse children as well as those who
produce, distribute, and trade child pornography, are using various types of identification
logos or symbols to recognize one another and distinguish their sexual preferences. To
specifically indicate the pedophile's gender preference, members of pedophilic organizations
encourage the use of descriptions such as "boylove", "girllove", and "childlove."[1] These
symbols have been etched into rings and formed into pendants, and have also been found
imprinted on coins.

(U) The BoyLover logo (BLogo) is a small blue spiral-shaped triangle surrounded by a larger
triangle, whereby the small triangle represents a small boy and the larger triangle represents
an adult man.[2] A variation of the BLogo is the Little Boy Lover logo (LBLogo), which also
embodies a small spiral-shaped triangle within a larger triangle; however, the corners of the
LBLogo are rounded to resemble a scribbling by a young child.[3] Images of the BLogo and
LBLogo symbols are depicted below.

UNCLASSIFIED   UNCLASSIFIED   UNCLASSIFIED

(U) BLogo aka "Boy Lover"   (U) LBLogo aka "Little Boy Lover"   (U) BLogo imprinted on coins

UNCLASSIFIED

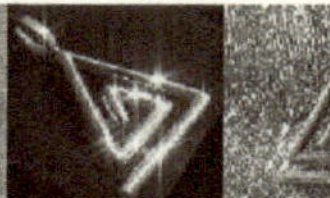

(U) BLogo jewelry

UNCLASSIFIED//LAW ENFORCEMENT SENSITIVE

1

Foto N.65 Pagina tratta dal documento dell'FBI sui simboli individuati e utilizzati dai pedofili per riconoscersi e testimoniare le proprie preferenze; il triangolo a spirale identifica la preferenza per i bambini maschi

(U) The GirlLover logo (GLogo) depicted below is a small heart surrounded by a larger heart, which symbolizes a relationship between an adult male or female and minor girl.

UNCLASSIFIED

(U) GLogo a.k.a. "Girl Lover," Childlove

UNCLASSIFIED

(U) GLogo Pendant

(U) The ChildLover logo (CLogo), as shown below, resembles a butterfly and represents non-preferential gender child abusers. The Childlove Online Media Activism Logo (CLOMAL), also represented below, is a general purpose logo used by individuals who use online media such as blogs and webcasts.[4]

UNCLASSIFIED

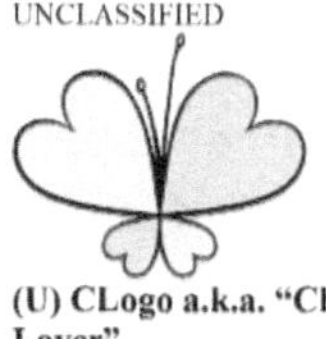

(U) CLogo a.k.a. "Child Lover"

UNCLASSIFIED

(U) CLOMAL a.k.a. Childlove Online Media Activism

(U//LES) FBI investigations in several cities have uncovered several symbols used by pedophiles to proclaim their attraction to children. After a seizure of a subject's computer in connection with an Innocent Images case in the Jacksonville Division, a Computer Analysis Response Team forensic examiner came across an unfamiliar symbol that was integrated into a Web site banner named "ATBOYS.COM, where the "A" in "ATBOYS" was actually the BoyLove symbol and written as follows: ▲TBOYS.com. It was further determined that "ATBOYS" is an acronym for Attracted To Boys.[5] These pedophilia symbols also appear on Web sites such as one of the banners advertised on www.boylover.net, shown below.[6]

UNCLASSIFIED

(U) Boylover.net banner

Foto N.66 tratta dallo stesso documento; in questo caso, possiamo osservare il cuore a spirale che identifica la preferenza per le bambine mentre la farfalla identifica un amante dei bambini in generale (la farfalla è bicolore)

Come apprendiamo dal documento, sono stati identificati alcuni simboli che i pedofili utilizzano per riconoscersi come membri di associazioni pedofile e per identificare le loro preferenze sessuali; questi simboli sono stati identificati come logotipi e vengono riportati in alcuni brand ma anche nei gioielli come anelli e orecchini. Ne sono stati ritrovati anche impressi in alcune monete. Secondo l'FBI i simboli riportati ad esempio nei gioielli indicano le modalità con cui i pedofili vogliono promuovere la loro causa. Le organizzazioni di cui fanno parte cercano di decriminalizzare la pedofilia e di renderla socialmente accettabile[295] (altra finestra di Overton? NdR).

È interessante notare che il logo con un cuore più piccolo inserito in uno più grande a spirale, simbolo utilizzato per identificare i pedofili che preferiscono le bambine (nella seconda immagine tratta dal documento dell'FBI), appariva in una associazione di adozione (Foto N.67) prima che l'FBI pubblicasse il documento. Oggi quel logo non è più presente come potete constatare voi stessi visitando il sito dell'associazione[296], ma è rintracciabile in altre aziende e in altri prodotti dedicati ai bambini; ad esempio in alcune linee di abbigliamento per bambini e anche in una famosa marca di gelati (Foto N.68 e N.69). È curioso il fatto che questo logo sia stato adottato nel 1998, quando l'azienda italiana è entrata a far parte della potente multinazionale "Unilever"[297]. Ora non è possibile sapere se l'Algida sia al corrente del documento diffuso dall'FBI; probabilmente no perché presumo che altrimenti avrebbero provveduto a rimuoverlo, ma va fatto comunque notare che se fate delle ricerche con i loghi identificati dagli agenti federali, scoprirete che sono utilizzati da varie aziende che hanno prodotti per bambini o che sono comunque legate all'infanzia e che i gioielli con gli stessi loghi, si possono vedere addosso a diverse personalità di spicco della politica e dell'intrattenimento. Si tratta di coincidenze o di fraintendimenti? Al momento non ci è dato saperlo ma ancora una volta c'è da sottolineare il fatto che siamo continuamente sollecitati da una grande quantità di simboli di cui spesso, a livello cosciente non comprendiamo il significato.

---

295 Ibidem
296 https://www.kennedykrieger.org/about-us
297 https://it.wikipedia.org/wiki/Unilever

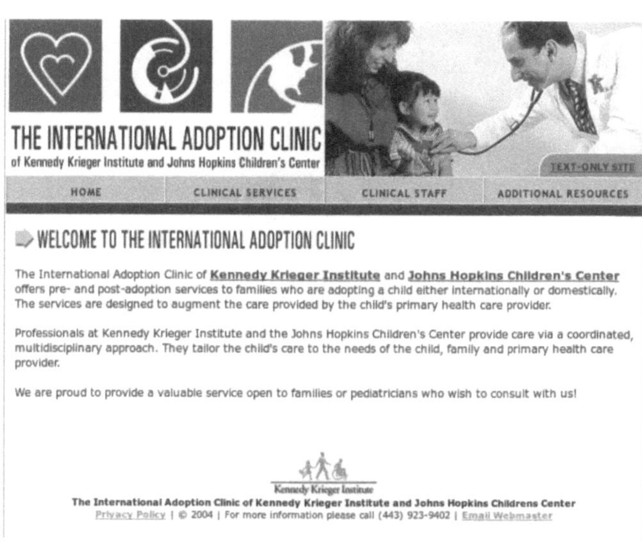

Foto N.67 Osservate il logo presente in alto a destra nella vecchia versione del sito di adozione.

Foto N.68 Il logo adottato da Algida dopo l'acquisizione della multinazionale Univer.

Foto N.69 Pubblicità di un noto gelato della famosa azienda; oltre al logo, la stessa pubblicità ha una connotazione sessuale; i gelati formano una schiena e un sedere sporgente.

Foto **N.70** Immagine tratta dalla serie TV Disney: Elena of Avalor 2016. Tatuati sul leone è presente il simbolo identificato dall'FBI.

Come evidenziato nell'immagine qui sopra, La Disney, ancora una volta mostra un certo lato ambiguo realizzando un personaggio che mostra una serie di tatuaggi con i simboli che nel documento dell'FBI indicano la preferenza per i bambini maschi. Per quale motivo vengono fatte scelte simili? Chi ha lavorato in compagnia di grafici professionisti sa benissimo che un logotipo non viene mai scelto o realizzato a caso. C'è un lavoro notevole alle spalle che riguarda, oltre alla scelta dei colori per suscitare determinate emozioni, la stessa natura del simbolo che ricopre un'importanza fondamentale. Il logo è sempre pensato per trasmettere precisi concetti attraverso immagini in grado di agganciarsi all'inconscio. Ovviamente, nel caso di un logo aziendale, i simboli scelti dovrebbero trasmettere la politica o il manifesto e i principi dell'azienda.

Per fare un esempio banale, la nota azienda di prodotti fotografici "Canon" in origine si chiamava "Kwanon"[298], e nel suo logo era inserita la divinità buddista che portava questo nome e che, in quanto divinità, simboleggiava potenza e supremazia. Anche se il nome è stato cambiato in Canon per renderlo più fruibile, il concetto di supremazia è rimasto. È molto interessante studiare il modo in cui vengono realizzati i logotipi e se vi capitasse di assistere a dei corsi per grafici professionisti, vi renderete conto di come l'aspetto emozionale, le conoscenze del neuromarketing e l'importanza della simbologia come aggancio al nostro inconscio, siano tematiche trattate in modo fondamentale come strumenti per manipolare e catturare l'attenzione del potenziale consumatore che, in questi corsi non viene mai considerato una persona, è bene ricordarlo, ma semplicemente un target, un obiettivo, un criceto sulla ruota.

Osservando certi logotipi però, viene da chiedersi se si tratta di strafalcioni realizzati da dilettanti o di sottili allusioni consapevoli anche se un po' troppo esplicite. Mentre i simboli identificati dall'FBI non hanno nulla di esplicito (anche se sarebbe necessaria una ricerca sui significati antichi e originali di quella particolare simbologia adottata), altri loghi visibili un po' dappertutto sono onestamente imbarazzanti; ve ne propongo alcuni:

---

298 https://www.insidemarketing.it/loghi-celebri-storia-miti-segreti-dei-brand-piu-famosi/

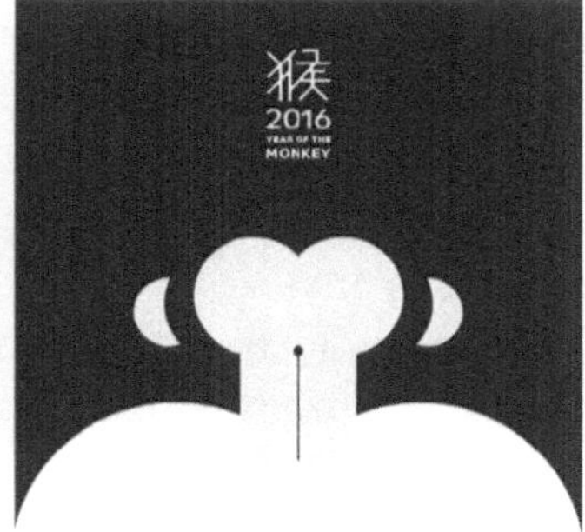

Foto N.71 Logotipi con forti connotazioni sessuali; notare quello dedicato a un centro pediatrico.

Sarebbe stupido sottovalutare l'importanza dei simboli dato che fanno parte del nostro inconscio e riempiono la nostra quotidianità, li vediamo ovunque e sono presenti in qualsiasi oggetto o attività della nostra vita. Le forze oscure, gli Spin Doctors nell'ombra, non stanno forse aiutando il sistema a realizzare quella società auspicata dai pensatori come Edward Bernays? Una società controllata, manipolata, ignorante, senza più la capacità di esercitare uno spirito critico indipendente? Una massa docile e addormentata, stimolata attraverso le emozioni e facilmente controllabile, non è forse il sogno di ogni sistema di potere? Tempo fa un amico che si era trovato una fidanzata cinese, mi raccontò un po' demoralizzato dell'incredibile livello di ignoranza da cui è affetto quel popolo non soltanto per quel che riguarda ciò che accade al di fuori dei loro confini, ma per la loro stessa storia. La ragazza, che non era certo una contadina ma una persona mediamente colta, non era nemmeno al corrente dei fatti di piazza Tienanmen[299], non conosceva assolutamente uno degli eventi più drammatici della sua stessa storia; ovviamente stiamo parlando di un governo dittatoriale che ha creato un sistema chiuso e oppressivo in cui il controllo, grazie anche alla tecnologia, è stato portato all'estremo ma non è forse quello a cui stiamo arrivando anche nelle nostre democrazie? La manipolazione invisibile delle coscienze non ci ha reso più docili e ignoranti in modo che ogni nuovo provvedimento o legge lesiva dei nostri diritti e delle nostre libertà sia accettata in modo passivo? Anzi, spesso con entusiasmo? Perché convinti e persuasi non dalle nostre idee come erroneamente crediamo, ma da ciò che ci è stato abilmente e pazientemente inoculato da una propaganda invisibile e persuasiva?

---

299 https://it.wikipedia.org/wiki/Protesta_di_piazza_Tienanmen

Ho tentato, per quanto possibile, di offrire uno sguardo a 360 gradi su questa guerra combattuta contro i nostri cervelli; mi rendo conto che molti degli argomenti trattati avrebbero bisogno di approfondimenti perché sono stati soltanto accennati ma lo scopo di questo lavoro non voleva essere quello di scrivere un saggio specialistico da 400 pagine. Non intendevo essere prolisso ed ero consapevole che uno scritto mirato avrebbe lasciato fuori molti aspetti della propaganda per concentrarsi soltanto su alcuni. Ciò che a mio modesto parere mancava, era un libro divulgativo, non troppo specialistico, veloce da leggere ma che fosse in grado di mettere al corrente il lettore di una realtà ignorata da molti e sottovalutata da altri. Spero di esserci riuscito. Fortunatamente, per chi avesse poi voglia di approfondire, esistono molti testi specialistici che affrontano singolarmente i vari aspetti della propaganda descritti qui, ma credo che sia importante per prima cosa diventarne consapevoli. Se questo libro vi ha fatto riflettere e se da domani inizierete ad accorgervi di alcune storture o incongruenze nelle notizie, di strani valori veicolati da alcuni film, o noterete qualsiasi cosa in grado di risvegliare la proverbiale pulce nell'orecchio, sarà un segnale importante per capire che il vostro sistema immunitario ha ricominciato a funzionare; quello della mente ovviamente. Comprendo che alcune delle cose raccontate qui sono traumatizzanti, e ancora di più lo è la consapevolezza che si tratta soltanto della punta di un immenso iceberg. Ma questo non deve spaventare perché alla fine la scelta è sempre nostra. Per quanto subdoli e invisibili siano i metodi della manipolazione, per quanto il nostro corpo e la nostra mente reagiscano a degli automatismi, alla fine possiamo sempre uscirne diventando consapevoli, non rifiutando la conoscenza anche se all'inizio può far paura; nel mito della caverna[300], che appare nel trattato politico intitolato "Repubblica" di Platone, il filosofo greco ipotizza che degli schiavi vengano legati fin dalla nascita nelle profondità di una caverna; immobilizzati a delle rocce con lo sguardo fisso sulla parete davanti a loro,

---

300 https://it.wikipedia.org/wiki/Mito_della_caverna

vedrebbero delle ombre proiettate sul muro. Queste ombre sarebbero generate dalle sagome mosse da alcuni burattinai nascosti dietro a un muretto alle spalle degli schiavi. Un fuoco provvederebbe a proiettarne le silhouette di tali sagome sul muro. Allo stesso modo i burattinai potrebbero emettere suoni versi e anche parlare e l'eco generato dalla caverna creerebbe l'illusione che tutti i rumori provengano dalle ombre proiettate sulla parete della caverna. Essendo nato in catene, senza alcuna esperienza del mondo esterno, lo schiavo considererebbe quella come l'unica realtà esistente, l'unico mondo conosciuto. Platone ipotizza poi di liberare uno schiavo permettendogli così di voltare anche la testa. Questo semplice gesto che lo porterebbe a vedere le proprie catene è già un atto rivoluzionario; ma poi, alzandosi e voltandosi vedrebbe anche l'entrata della caverna e provando ad uscirne verrebbe accecato dalla luce del sole. Il trauma sarebbe molto doloroso e il primo istinto dello schiavo lo spingerebbe a tornare indietro e rifiutare la nuova realtà assai spiacevole. Se però fosse costretto a rimanere fuori dalla caverna avrebbe bisogno di molto tempo per abituarsi e riacquistare la vista. Poco alla volta ricomincerebbe a vedere delle ombre, poi dei riflessi, e finalmente potrebbe osservare il mondo e rendersi conto di tutte le cose che lo popolano; scoprirebbe il sole e le stelle e prenderebbe coscienza del suo precedente stato di schiavitù e di una realtà che nemmeno sospettava. A questo punto, iniziando a godere delle cose del mondo, dell'acqua dei torrenti, del calore del sole, del vento e della natura, sentirebbe probabilmente l'impulso di tornare nella caverna e liberare i compagni. L'impresa però sarebbe problematica perché rientrato nella caverna non essendo più abituato al buio, procederebbe a tentoni; i compagni inizierebbero a deriderlo considerandolo un pazzo o uno stupido e se lui tentasse di liberarli e trascinarli fuori a forza, probabilmente verrebbe ucciso.

Molte persone sono talmente terrorizzate dall'idea di perdere quello che considerano uno "status quo" faticosamente raggiunto, una stabilità che di fatto è soltanto illusoria ma che li fa sentire al sicuro, che non sono disposte nemmeno a voltare la testa per guardare le proprie catene; lo sforzo che richiede questo semplice gesto e il dolore che percepiscono è sufficiente a dissuaderli dal solo provare. È dura dover riconsiderare le proprie idee e le proprie convinzioni; es-

sere costretti a valutare la possibilità di dover ricominciare da zero, l'idea di ripartire e ricostruire su altre basi. Queste persone generalmente non accettano alcun tipo di confronto, non sono disposte nemmeno ad affrontare alcune tematiche perché intuiscono il pericolo di potersi trovare con le spalle al muro e senza argomenti validi. Nel migliore dei casi rispondono con una frase standard: "Queste sono le tue opinioni, io ho le mie opinioni e sono diverse dalle tue". Ma ovviamente non sono disposti a discuterle, si tratta di una mera scusa per scappare con stile da qualcosa che spaventa o meglio, terrorizza. Si relega tutto nel campo delle opinioni e ognuno ha le sue. Nel peggiore dei casi diventano aggressivi, iniziando ad accusare il loro interlocutore di essere un estremista, di voler imporre la sua visione delle cose, la sua idea del mondo. Insomma, ogni stratagemma è utile pur di non affrontare una realtà che li costringerebbe ad operare dei cambiamenti perché è questo che temono più di ogni altra cosa. Questo concetto lo ha spiegato benissimo Nicola Donti, un filosofo e professore universitario, che si occupa di formazione in campo sanitario e tiene conferenze in tutta Italia. In una delle sue conferenze che potete facilmente rintracciare in rete[301], racconta in forma comica l'aneddoto di Julio Velasco, l'allenatore argentino che venne chiamato ad allenare la squadra di pallavolo italiana che non poteva vincere nulla. E quando Velasco chiede perché l'Italia non po' vincere gli vengono fornite tre ragioni: 1. È un problema fisico, gli italiani sono bassi mentre i Russi, ad esempio, sono alti e conseguenza non c'è alcuna speranza. 2. La seconda ragione di carattere antropologico riguarda la natura degli italiani che sono per una giocata e via. La pallavolo è un gioco di precisione dove conta anche un mezzo centimetro, ma per gli italiani se prendi la traversa è colpa del palo, dell'arbitro o del governo ladro. 3. Il problema è politico perché tutti i soldi finiscono nella federazione gioco calcio che è la più potente e si assicura gli atleti migliori sottraendoli alla palla a volo.
A questo punto Velasco fa una domanda: "Avete mai preso in considerazione l'ipotesi che la ragione per cui non vincete è perché non giocate bene?" Ovviamente tutti rispondono di no perché se prendessero in considerazione una simile ipotesi, l'unica cosa che dal giorno dopo nessuno potrebbe più fare, è continuare a giocare

---

301 https://youtu.be/Vz2yC5PTqEE

come prima. E allora è meglio che gli italiani siano bassi, che il governo sia ladro e che la traversa sia la colpevole di ogni male.

Credo sia normale sentirsi smarriti e anche inquieti nell'apprendere certe realtà e credo che verosimilmente l'ostacolo più grande, una volta apprese, sia quello che ti costringe a cambiare le tue abitudini e le tue idee; la consapevolezza di non poter più proseguire come avevi fatto fino a quel momento. Però credo anche che il mondo non sia un posto orribile; credo che il mondo sia come ognuno decide di farlo e credo che la libertà comprenda una buona dose di responsabilità ma sia sempre preferibile a una vita di schiavitù in cambio dell'illusoria tranquillità della delega. Forse dovremmo iniziare a capire che: "Occhio non vede, cuore non duole" non è un bel proverbio ma una trappola per topi che ci rifilano di continuo.
Il mio vuole essere un invito a non sentirsi sopraffatti da quello che avete appreso ma a reagire, per voi e per i vostri figli. Una maggiore attenzione e consapevolezza potrà soltanto cambiare la vostra vita in meglio. Voglio concludere con le parole finali di un libro che amo e che mi trovo spesso a rileggere: "Le città Invisibili" di Italo Calvino:[302]

"...L'inferno dei viventi non è qualcosa che sarà; se ce n'è uno, è quello che è già qui, l'inferno che abitiamo tutti i giorni, che formiamo stando insieme. Due modi ci sono per non soffrirne. Il primo riesce facile a molti: accettare l'inferno e diventarne parte fino al punto di non vederlo più. Il secondo è rischioso ed esige attenzione e apprendimento continui: cercare e saper riconoscere chi e cosa, in mezzo all'inferno, non è inferno, e farlo durare, e dargli spazio."

---

302 Italo Calvino – Le città invisibili – Mondadori 1993

9 798859 893256